O EVANGELHO DE BUDA

Yogi Kharishnanda

O EVANGELHO DE BUDA

Vida e Doutrina de Sidarta Gautama – o Inspirador do Budismo

Tradução de
CINIRA RIEDEL DE FIGUEIREDO

Editora
Pensamento
SÃO PAULO

Nova edição corrigida de *O Evangelho de Buda.*

Dados Internacionais de Catalogação na Publicação (CIP)
(Câmara Brasileira do Livro, SP, Brasil)

Kharishnanda, Yogi
O evangelho de Buda : vida e doutrina de Sidarta Gautama, o inspirador do budismo / Yogi Kharishnanda ; tradução de Cinira Riedel de Figueiredo. – São Paulo: Pensamento, 2009.

ISBN 978-85-315-1596-5

1. Buda – Ensinamentos 2. Budismo – Doutrinas 3. Gautama, Sidarta I. Título.

09-08027 CDD-294.342

Índices para catálogo sistemático:
1. Sidarta Gautama : Ensinamentos : Doutrina budista 294.342

O primeiro número à esquerda indica a edição, ou reedição, desta obra. A primeira dezena à direita indica o ano em que esta edição, ou reedição, foi publicada.

Edição	Ano
01-02-03-04-05-06	09-10-11-12-13-14

Direitos reservados
EDITORA PENSAMENTO-CULTRIX LTDA.
Rua Dr. Mário Vicente, 368 — 04270-000 — São Paulo, SP
Fone: 2066-9000 — Fax: 2066-9008
E-mail: pensamento@cultrix.com.br
http://www.pensamento-cultrix.com.br

Sumário

Prefácio 7

INTRODUÇÃO

1. Alegria 13
2. Samsara e Nirvana 15
3. A Verdade Redentora 17

O PRÍNCIPE SIDARTA ALCANÇA O BUDADO

1. O Nascimento de Buda 23
2. Sua Juventude e seu Casamento 28
3. As Três Dores 32
4. A Renúncia 36
5. O Rei Bimbisara 44
6. Indagações do Senhor Buda 49
7. Penitência em Urivilva 55
8. A Tentação 61
9. A Iluminação 66

FUNDAÇÃO DO REINO DA VERDADE

1. O Sermão de Varanasi 75
2. O Pai de Buda 81
3. O Rei Prasenajit Visita Buda 88
4. Devadata 92
5. As Quatro Nobres Verdades 95
6. Contra os Milagres 98
7. Instruções para os Noviços 100
8. Segredo e Publicidade 101
9. A Regra da Ordem 102
10. A Extinção do Sofrimento 104
11. Os Dez Pecados e os Dez Mandamentos 106
12. A Missão do Pregador 108

PREGAÇÃO DE BUDA

1. O Dharmapada 115
2. A Aniquilação 122
3. Identidade e Separatividade 128
4. Uma Essência, uma Lei e um Fim 139
5. As Injúrias 141
6. O Deva e Buda 143
7. Instrução 145
8. O grão de Mostarda 148
9. A Fé de Sariputra 153
10. O Sermão Final 155
11. O Anúncio de sua Morte 159
12. A Entrada no Nirvana 161

CONCLUSÃO

1. Os Três Aspectos do Buda 167
2. O Fim do Ser 170
3. Louvor aos Budas 174

Prefácio

Da Lua cheia de maio de 1954 à Lua cheia do mesmo mês de 1956, realizou-se na República da União de Burma o Sexto Grande Congresso Budista, que foi o 60º dos congressos desde a fundação do Budismo. Tratou-se de um acontecimento histórico notável. A ele compareceram dois mil representantes de povos budistas, dos mais eruditos, com a finalidade principal de estudar, comparar, corrigir ou aprovar textos doutrinários. O primeiro congresso foi realizado pouco depois da morte de Buda, sob os auspícios do Rei Ajatasattu, do norte da Índia. O segundo Grande Concílio teve lugar no ano 443 a.C., apoiado pelo Rei Kalasoka; o terceiro, sob o patrocínio do Imperador Asoka, foi celebrado no ano 308 a.C., o quarto, em Ceilão, entre os anos 29 e 13 a.C., quando pela primeira vez foram escritos os textos que antes eram preparados de memória. O quinto Grande Concílio foi efetuado em Mandalay (Burma), no ano de 1871, sob o Rei Mindon, quando então os textos foram escritos em 729 lousas de mármore. Com a técnica moderna de impressão e vulgarização, e o substancial auxílio prestado pelo Parlamento da União Republicana de Burma, o Sexto Grande Congresso foi de inigualada eficiência, e sua difusão teve uma amplitude jamais alcançada no passado.

Manifestando sua descrença nos processos simplesmente materiais adotados pelos povos e governos para solucionar os problemas que afligem a humanidade, e justificando sua assistência ao referido Congresso, o Parlamento Burmense proclamou "sua firme crença de que esses processos proporcionam aos povos uma solução meramente parcial de seus problemas, e que era necessário planejar e levar a cabo outras medidas, que visassem ao bem-estar moral e espiritual do homem e o ajudassem a vencer a avareza, o ódio e o engano, as inveteradas raízes de toda violência, destruição e conflagração que consomem o mundo...".

Essas raízes foram assinaladas por Buda em sua época. Outra não é ainda hoje a opinião de todos os que, como nós, sentem que a ausência de princípios espirituais sadios na conduta dos indivíduos tem sido a maior fonte proliferadora de seus desatinos e sofrimentos. Esse foi o sentimento que nos levou a promover a publicação deste pequeno Evangelho dos ensinos fundamentais de Gautama Buda. Figura ímpar entre os mais aureolados instrutores espirituais que a humanidade conheceu, Sua Majestade tem se agigantado e projetado ao compasso da marcha dos séculos tormentosos, qual rutilante Sol por sobre densas e encapeladas nuvens. Somente esse fato bastaria para comprovar a veracidade e segurança de sua doutrina, pois só a verdade pode resistir ao embate destruidor do tempo.

A essência dos ensinamentos de Buda se acha condensada em três livros ou coleções, chamados os cânones budistas (*Trîpitakas*), cuja idade se pode fixar, de maneira geral, no século IV a.C. e possivelmente na época do grande Instrutor. O primeiro (*Vinaya Pitaka*), atribuído aos primeiros budistas, trata da *Disciplina da Ordem* (ou *Sangha*); o segundo (*Sutta Pitaka*) se refere às *Pregações Leigas*, ou às regras para os sacerdotes e ascetas, e o terceiro (o *Abidhama*), condensa dissertações filosóficas e metafísicas, e instruções a respeito da meditação (*Dhyana*).

Foi dessa fonte, sobre a qual têm se debruçado e abeberado tantos e tão notáveis sábios e orientalistas, que o autor desta obra colheu os preciosos ensinamentos e informações que ele denominou "O Evangelho de Buda" e que com feliz maestria procurou amoldar à mentalidade ocidental num estilo simples e elegante. O fato de ter sido também um oriental, e acima de tudo, de ter podido aprender, assimilar e viver a cultura oriental em sua mais pura nascente, o capacitou, naturalmente, para penetrar até o âmago dos ensinamentos budistas, e assim sentir todo o seu calor, luz e dinamismo, para formar uma verdadeira antologia do que há de mais magnífico, essencial e inspirador na vida do venerando sábio que um terço da humanidade adora.

Neste formoso livro existem, por certo, frases que pertencem totalmente ao seu autor, mas é inegável que elas exalam o mesmo perfume da fonte que as inspirou e visam acomodar alguns ensinos por demais metafísicos à inteligência ocidental, não raro objetiva e prática em excesso. Mas o fundamento e o espírito das ideias expostas em toda a obra são nitidamente budistas, ou seja, práticos, lógicos e enquadrados num impecável bom-senso, que é a sua característica dominante.

Para muitos, poderá ser um poderoso foco de inspiração em sua vida moralmente atribulada, e para outros constituirá um pequeno, mas bem acabado vestíbulo que os poderá conduzir ao interior da nave de uma das mais esplêndidas e antigas filosofias do mundo. Esse livro foi escrito tendo em vista esse objetivo, e tem sido traduzido para várias línguas das mais cultas, tendo encaminhado muitas almas para o caminho da retidão, do dever e do amor a todas as criaturas viventes. Eis o motivo de sua publicação, agora, em nosso idioma.

INTRODUÇÃO

CAPÍTULO UM

Alegria

Regozijem-se com a boa-nova. Nosso Senhor descobriu a raiz do mal. Ele nos mostra o caminho da salvação.

O Buda dissipa as ilusões da nossa mente e nos livra dos terrores da morte.

O Buda, nosso Senhor, traz descanso ao fatigado, ao desanimado e ao descontente; proporciona paz aos acabrunhados sob o peso da vida. Dá valor aos fracos, que estão prestes a perder a esperança e a confiança em si mesmos.

Todos os que sofrem as tribulações da vida, que lutam e padecem, que aspiram à vida verdadeira, regozijem-se com a boa-nova.

Eis aqui um bálsamo para os feridos, bem como o pão para os famintos. Eis aqui a água para os sedentos, e a esperança para os desesperados. Eis aqui a luz para os que estão nas trevas, e a inesgotável ventura para os justos.

Os feridos serão curados de suas feridas; os famintos terão pão para se fartarem; os sedentos serão saciados. Ergam os olhos para a luz, vocês que estão nas trevas; e recobrem ânimo, vocês que estão abatidos.

Tenham confiança na verdade os que amam, porque o reinado da Verdade está fundado na Terra. A luz da Verdade já dissipou as trevas do erro. Podemos ver o nosso caminho e andar com passos firmes e seguros.

O Buda, nosso Senhor, revelou a verdade.

A verdade cura as nossas enfermidades e nos salva da perdição. A Verdade fortalece-nos na vida e na morte. Só a Verdade pode destruir os males do erro.

Regozijem-se com a boa-nova.

CAPÍTULO DOIS

Samsara e Nirvana*

Olhem ao redor e contemplem a vida.

Tudo é passageiro, nada dura para sempre. Só nascimento e morte, crescimento e decadência, combinação e dissolução.

---

*Termos sânscritos. *Samsara* significa literalmente *ação de vagar*, constante mutação ou transição. É a passagem alternativa da alma pelos três mundos: físico, astral e mental; os sucessivos renascimentos e mortes. *Nirvana*, o oposto de *samsara*, é um estado permanente e eterno de consciência desperta e liberta. Esse termo significa, literalmente, *sem combustível, extinto*, e foi definido primitivamente por alguns orientalistas ocidentais como um estado de aniquilamento do ser, à semelhança de uma gota d'água diluída no oceano, o que é totalmente incorreto. Representa, ao contrário, um estado de *plena consciência*, cuja beleza, intensidade e poder excedem toda capacidade descritiva da linguagem humana. É a vida do Espírito, que se desabrochou e expandiu em seu próprio mundo ou lar, liberto de qualquer limitação de espaço e tempo a que se condicionam as formas transitórias. Quem tem a ventura de atingi-lo, longe de se aniquilar, converte-se numa tremenda força liberadora, que perpetuamente projeta poderosas torrentes de espiritualidade e vida sobre a humanidade sofredora. (N. da T.)

A glória do mundo é como uma flor esplêndida pela manhã que murcha à tarde.

Para onde quer que olhemos, ali está o receio e o impulso, a corrida ávida aos prazeres, o medo da dor e da morte, a vaidade e o desejo de mudanças e transformações. Tudo é Samsara.

Não há nada permanente no mundo? Na inquietude universal não há um lugar de repouso onde o nosso coração encontre a paz? Nada há de eterno? Nunca cessará a angústia? Não se extinguirão os desejos ardentes? Quando o espírito poderá estar sossegado e tranquilo?

O Buda, nosso Senhor, sentiu os males da vida. Viu a vaidade na infelicidade do mundo, e procurou a salvação em algo que não se deteriora, que é imperecível e permanente.

Aqueles que aspiram à vida saibam que a imortalidade se oculta no ser perecível. Aqueles que desejam a felicidade sem os germes da inquietude ou do desgosto sigam os conselhos do Grande Mestre e conduzam-se retamente. Aqueles que desejam avidamente riquezas venham para receber os tesouros eternos.

A Verdade é eterna; não conhece nascimento nem morte; não tem começo nem fim. Chamem a Verdade, ó mortais. Que a Verdade se aposse de suas almas.

A Verdade é o dom imortal do espírito. A posse da Verdade é grandeza, e uma vida de Verdade é felicidade.

Estabeleçam a Verdade no espírito, porque a Verdade é a imagem do eterno. O seu retrato é imutável; revela o perdurável; imortaliza os homens.

CAPÍTULO TRÊS

A Verdade Redentora

As coisas do mundo e seus habitantes estão sujeitos a mudanças. São produtos de algo que já existiu anteriormente. Todo ser vivente é produto de seus anteriores, porque a lei de causa e efeito é inflexível e sem exceções.

Porém, nas coisas que mudam sem cessar existe sempre uma Verdade oculta. A Verdade dá realidade às coisas. A Verdade é imutável.

E a Verdade deseja revelar-se; a Verdade aspira ser consciente; a Verdade se esforça por conhecer-se a si mesma.

A Verdade existe na pedra, porque a pedra existe verdadeiramente, e não há força no mundo, Deus, homem ou demônio, que possa fingir que não exista. Porém, a pedra não é consciente.

A Verdade existe na planta e sua vida pode expressar-se: nasce, floresce e frutifica. Sua beleza é maravilhosa, mas não é consciente.

A Verdade existe no animal: o animal se move, percebe as coisas que o rodeiam, distingue e escolhe. Nele há consciência; porém, não tem ainda a consciência da Verdade. Existe unicamente a consciência do eu.

A consciência do eu cega os olhos do espírito e oculta a Verdade. É a origem do erro, a fonte das ilusões e o germe do pecado.

O *eu** engendra o egoísmo. Todo mal procede do eu. Toda injustiça é produto da afirmação do eu.

O *eu* é o princípio de todo ódio, da iniquidade, da calúnia, da impudicícia, da obscenidade, do roubo, da fadiga, da opressão e do derramamento de sangue. O *eu* é Mara, o tentador, o malfeitor, o criador do mal.

O *eu* seduz pelos prazeres. O *eu* promete um paraíso encantador. O *eu* é o véu do feiticeiro Mara. Porém, os prazeres do *eu* são ilusórios; seu labirinto paradisíaco é o caminho do inferno, e sua beleza uma chama ao calor do desejo.

Quem nos livrará da tirania do *eu*? Quem nos salvará de nossas misérias? Quem nos restabelecerá a vida feliz?

Tudo é miséria no mundo de *samsara*; tudo é miséria e sofrimento. Porém, a felicidade da Verdade sobrepuja toda miséria. A verdade dá a paz ao espírito ansioso; vence o erro, extingue as chamas do desejo e conduz ao nirvana.

---

*A filosofia hindu divide o ser humano em *Eu superior*, que é imortal, espiritual e eterno, e o *eu inferior*, que é mortal, material e transitório. O texto se refere a *eu inferior*. (N. da T.)

Bem-aventurado é aquele que encontra a paz no nirvana. Está livre das lutas e tribulações da vida; está ao abrigo de todas as transformações; desafia o nascimento e a morte, e permanece indiferente aos males da vida.

Bem-aventurado é aquele em que encarnou a Verdade, porque conseguiu seu fim e se unificou com a Verdade. É vencedor sem que nada mais possa feri-lo; é glorioso e feliz sem sofrimento; é forte mesmo sobrecarregado sob o peso do trabalho; é imortal embora morra. A imortalidade é a essência de sua alma.

Bem-aventurado aquele que alcançou o sacro estado de Buda, porque salvará os seus irmãos. A Verdade reside nele. A perfeita sabedoria esclarece o seu entendimento. A justiça inspira as suas ações.

A Verdade é um poder ativo para o bem, indestrutível e invencível. Cultivem a Verdade em seu espírito e difundam-na pela humanidade, porque unicamente a Verdade salva do pecado e da miséria. A Verdade é o Buda, e o Buda é a Verdade. Bendito seja o Buda.

O PRÍNCIPE SIDARTA ALCANÇA O BUDADO

CAPÍTULO UM

O Nascimento de Buda

Havia em Kapilavastu um rei sákia, firme em seus propósitos e reverenciado pelos homens, um dos descendentes de Ikchvaku, chamado Suddhodana.

Sua esposa, Mayadevi, era maravilhosamente bela, como um lírio aquático, e de coração tão puro quanto o lótus. Qual rainha do céu, vivia na Terra, imaculada e pura de desejos.

Seu real marido a reverenciava pela sua santidade, e o espírito da Verdade desceu sobre ela.

Quando compreendeu que a hora de ser mãe estava próxima, pediu ao rei que a levasse à casa de seu pai, e Suddhodana, atencioso para com sua esposa e pelo filho que ia nascer, atendeu, feliz, a esse pedido.

Quando Mayadevi atravessava o jardim de Lumbini, chegou a hora; preparou-se então um leito sob uma alta árvore com um enorme tronco, e a criança nasceu no alvorecer do dia, radiante e perfeita.

A feliz notícia chegou ao palácio, e o rei Suddhodana mandou que levassem ao jardim de Lumbini o palanquim de cores refulgentes para transportar o recém-nascido.

Então os Anjos, os Lípicas que anotam as ações dos homens, ocultando o seu angélico esplendor sob humildes roupas de carregadores, desceram dos mundos superiores para segurar os varais do palanquim.

O rei Suddhodana, porém, que ignorava a presença dos quatro Anjos na Terra, receou presságios funestos que só findaram no momento em que seus adivinhos previram que o menino seria um príncipe dominador do mundo e dotado dos sete dons celestiais.

Naquele tempo, o rishi* Asita levava no bosque uma vida de eremita. Era um brâmane de cabelos grisalhos, cujos ouvidos há muito tempo estavam cerrados às coisas da Terra e percebiam somente os sons celestiais. Estando ele em oração sob a árvore baniana, ouviu os cânticos entoados pelas devas em louvor ao nascimento de Buda.

Pela sua idade e pelos jejuns que fazia, Asita era afamado tanto pela sua sabedoria como pela sua habilidade de interpretar os desígnios humanos e fazer profecias. Por isso, o rei o convidou para ver a régia criança recém-nascida.

Quando o velho contemplou o príncipe, chorou e suspirou profundamente. O rei, ao ver as lágrimas de

---

**Rishi*, literalmente "revelador". Trata-se de um santo sábio ou iluminado, cantor ou poeta de divina inspiração. (N. da T.)

Asita, perguntou-lhe assustado: "O que o senhor viu em meu filho que lhe causou tanto sentimento e tanta mágoa?"

Mas o coração de Asita transbordava de felicidade, e reconhecendo que o rei estava preocupado, respondeu-lhe:

"Ó rei, qual Lua em sua plenitude, Sua Majestade deve sentir viva alegria, porque gerou um filho de maravilhosa nobreza.

"Não adoro o Brama, porém adoro este menino, que os próprios deuses abandonaram seus templos para virem adorá-lo.

"Afaste todo temor e toda dúvida. Os presságios espirituais indicam que o recém-nascido libertará o mundo.

"Porém, lembre-se de que sou velho e não pude reter as lágrimas, pois o meu fim se aproxima. O seu filho governará o mundo. Nasceu para o bem de toda criatura e de todo ser vivente.

"A pureza de sua doutrina se assemelhará à margem que recebe o náufrago. Seu poder de meditação será como o frescor de um lago, e toda criatura inflamada no ardor da luxúria se tranquilizará espontaneamente.

"Sobre o fogo da concupiscência se estenderá a nuvem da compaixão, apagando-o com a chuva da Lei.

"Ele abrirá as pesadas portas do desespero, e livrará todas as criaturas da trama das redes que elas mesmas teceram com sua loucura e ignorância.

"O rei da Lei apareceu para libertar da escravidão os pobres, os miseráveis e os desesperados".

E prostrando-se diante do berço da criança, Asita exclamou:

"Ó criança! Eu adoro você. Você é Ele. Vejo a rosada luz impressa na planta dos pés, o suave desenho da suástica, os 32 sagrados signos capitais e os 80 secundários. Você será Buda. Pregará a Lei e salvará a todos os que a aprenderem. Não o ouvirei, porque estou próximo da morte".

E dirigindo-se ao rei, Asita acrescentou:

"Sabe, ó rei, que este seu filho é a Flor da árvore humana, que só produz uma flor após miríades de anos; porém, quando aberta, enche o mundo com o aroma da Sabedoria e o mel do Amor".

Depois, disse à rainha:

"E a senhora, doce rainha, amada dos deuses e dos homens. Devido a este magno acontecimento, já está sagrada demais para continuar sofrendo. Como a vida é sofrimento, daqui a sete dias chegará sem dor ao fim da dor".

Quando o rei e a rainha ouviram essas palavras de Asita, ficaram felizes em seus corações e deram ao menino que acabara de nascer o nome de Savarthasiddh, que quer dizer "Completa prosperidade", ou "Êxito feliz", e num diminutivo carinhoso e familiar o chamaram Sidarta.

Então, a rainha disse à sua irmã Pradjapati: "A mãe que deu à luz um futuro Buda não terá outro filho. Eu abandonarei logo este mundo, o rei meu esposo e meu filho Sidarta. Quando eu não mais existir, seja você a mãe dele".

E Pradjapati, chorando, prometeu isso a ela.

Na sétima noite, a rainha Mayadevi dormiu sorrindo e não despertou mais do seu sono. Passou feliz ao seu Trayastrinshas, onde inumeráveis devas adoram e servem a radiante Mãe.

Quando a rainha morreu, Pradjapati tomou o menino Sidarta e o educou. E assim como pouco a pouco brilha cada vez mais a luz da Lua, a régia criança cresceu dia a dia em espírito e em corpo: a Verdade e o amor residiam em seu coração.

CAPÍTULO DOIS

Sua Juventude e seu Casamento

Quando o príncipe Sidarta completou 18 anos, o rei mandou construir para ele três magníficos palácios: um de madeira de cedro, quente, para o inverno; outro de mármore betado, para o estio, e outro de ladrilhos cozidos para o outono.

Ao redor desses palácios floresciam amenos jardins regados de alegres arroios e soalhados de formosos bosquezinhos com lindos caramanchões, onde Sidarta passava horas felizes, pois sua vida era saudável e em suas veias corria sangue jovem.

Logo, porém, as sombras do tédio obscureceram a alegria do príncipe, como se algo lhe faltasse para completar esse bem-estar.

O rei consultou seus ministros, e o mais ancião deles lhe respondeu:

"O amor curará esse leve descontentamento. Seu coração virgem deve ser entretido com o feitiço da graça feminina. Que sabe este jovem da formosura, o que sejam os encantadores lábios, ou os olhos que jogam o céu no esquecimento? Una-o a uma doce esposa, porque facilmente um cabelo de mulher ata melhor os pensamentos que nem cadeias de bronze poderiam sujeitar".

E o rei replicou:

"Se lhe buscarmos esposas, o amor seguramente escolherá com outros olhos, e se lhe apresentarmos um jardim de belezas para que escolha a flor que mais o agrade, receberá com doce sorriso o gozo que ignora".

O ministro retrucou:

"O rei deve ordenar um festival em que as donzelas do reino desfilem em graça e juventude nos famosos desportes dos sákias. Que o príncipe outorgue o prêmio à formosura, e quando as vencedoras passarem em frente do seu trono, notaremos se alguma consegue desvanecer a persistente tristeza de seu semblante juvenil. Desse modo poderemos escolher para o Amor com os próprios olhos do Amor".

O rei aceitou esse conselho, e, consequentemente, a partir do dia seguinte os pregoeiros convidaram donzelas formosas para participarem do concurso de beleza que se celebraria no palácio, onde o príncipe distribuiria prêmios; um objeto de arte para cada uma, e um de maior valor para a mais formosa.

As donzelas de Kapilavastu encheram os jardins do palácio, vestidas de vistosos trajes de lindas cores.

Lentamente, elas desfilaram diante do trono, com os olhos fixos no chão, sem se atreverem a erguê-los.

Chegou a última, a jovem Yasodhara.

Os que estavam junto ao príncipe viram que ele pareceu ficar perturbado quando a radiante jovem, cujas formas pareciam esculpidas no céu, se aproximou.

Seu ar era como o da deusa Parpati, seus olhos como os de uma corça na estação do amor, e seu rosto de inefável encanto.

Foi a única que ousou olhar o príncipe de frente, com as mãos cruzadas sobre o peito e erguido o gracioso colo.

A donzela perguntou-lhe sorridente:

"Há prêmio para mim?"

O príncipe respondeu-lhe:

"Acabaram-se os prêmios; porém toma este em compensação, querida irmã, porque de sua graça se orgulhará toda a nossa ditosa cidade".

Dito isso, o príncipe tirou o seu colar de esmeraldas e colocou o fio de contas verdes no pescoço da jovem.

Seus olhos se encontraram e desse olhar brotou o amor.

Yasodhara era filha de Suprabuda, monarca do reino vizinho, e, segundo a lei dos sákias, quando alguém pedia em casamento uma mulher de nobre estirpe, tinha que demonstrar sua destreza nas artes da guerra e em torneios contra os demais pretendentes.

Sidarta venceu todos seus rivais nas provas de arco, de espada e de corrida hípica.

O rei Suprabuda disse então a Sidarta:

"Nosso coração desejava ver você alcançar o prêmio, porque você é o preferido; porém, como conseguiu aprender em meio a uma vida calma e sonhadora o que outros não conseguiram aprender na caça nem na guerra, nem nas porfias do mundo? Receba, ó príncipe, o tesouro a que fez jus".

A essas palavras a amável jovem levantou-se de seu assento e, passando entre a multidão, pegou uma grinalda de jasmins, cobriu sua fronte com o véu preto salpicado de ouro e aproximou-se de onde estava Sidarta.

A jovem, cujo semblante irradiava a alegria celeste de um amor feliz, inclinou-se diante do príncipe e, apoiando a cabeça no peito de Sidarta, prostrou-se aos seus pés, dizendo com os olhos radiantes de felicidade:

"Amado príncipe. Olhe-me. Sou sua".

O rei Suddhodana deu a eles o belo palácio de Vishramvan.

CAPÍTULO TRÊS

As Três Dores

O palácio dado ao príncipe pelo rei resplandecia com todo o luxo da Índia, porque o rei queria que o seu filho fosse feliz.

Tudo quanto parecesse doloroso para ser contemplado, todas as misérias e todas as noções de sofrimento, foram afastados de Sidarta, para que ele ignorasse os males do mundo.

Porém, assim como o elefante cativo suspira pelas selvas, o príncipe se impacientava por ver o mundo, e pediu ao rei, seu pai, permissão para satisfazer o seu ardente desejo.

Então, Suddhodana mandou atrelar quatro magníficos corcéis num carro adornado de pedrarias, e enfeitar os caminhos por onde Sidarta deveria passar.

As casas da cidade foram enfeitadas com cortinas e bandeiras, e os espectadores, alinhados de cada lado, contemplavam avidamente o herdeiro do trono. Assim passou Sidarta com Channa, seu cocheiro, pelas ruas da cidade, e atravessou a campina sulcada de arroios e povoada de árvores frondosas.

Em determinado lugar, encontrou um velho. Quando o príncipe viu aquele homem de corpo encurvado e rosto envelhecido com um sulco de dor entre as sobrancelhas, perguntou ao cocheiro: "Quem é este? Sua cabeça é branca, seus olhos tremem e tem o corpo maltratado. Só consegue manter-se em pé apoiado num bastão!"

O cocheiro, a princípio embaraçado, atreveu-se por fim a dizer a verdade, e respondeu: "Esses são os sinais da velhice. Esse homem foi uma criancinha e, depois, um adolescente cheio de entusiasmo e de prazer; porém os anos se passaram, e agora seu porte esbelto se foi e o vigor do seu corpo desapareceu".

Sidarta, profundamente aflito pelas palavras do cocheiro, suspirou por causa do sofrimento da velhice e disse de si para si: "Que gozo e que prazer podem experimentar os homens, quando sabem que a velhice virá e os fará sofrer e andar com tanta fraqueza?"

Mais adiante, à medida que seguiam, viram de um lado do caminho um enfermo, ofegante, as feições desfiguradas, convulso e gemendo de dor.

O príncipe perguntou ao cocheiro: "Que classe de homem é essa?" E o cocheiro respondeu: "Este homem está enfermo. Os quatro elementos do seu corpo estão confusos e em desordem. Todos nós estamos sujeitos aos mesmos acidentes: o pobre e o rico, o ignorante e o sábio. Todas as criaturas que têm corpo estão expostas ao mesmo mal".

E Sidarta se comoveu ainda mais. Todos os prazeres lhe pareciam vãos, e sentiu desgosto pelos prazeres da vida.

O cocheiro fustigou o cavalo para fugir de espetáculo tão triste, mas logo tiveram de parar em sua rápida carreira.

Quatro pessoas passavam levando um cadáver; e o príncipe, enternecido ante a visão do corpo privado da vida, perguntou ao cocheiro:

"O que estas pessoas estão levando? Vejo umas bandeirolas e umas grinaldas de flores; porém os homens caminham tristes e pesarosos".

O cocheiro lhe informou: "É um morto, seu corpo está rígido, a vida fugiu dele, e seu pensamento se extinguiu. Sua família e seus amigos levam agora o corpo dele para o sepulcro".

E o príncipe, cheio de horror e espanto, perguntou: "Este caso é uma exceção, ou há no mundo outros exemplos semelhantes?"

Com o coração oprimido, o cocheiro lhe respondeu: "Isto é igual para todos. Todos os que nascem devem morrer. Ninguém escapa da morte".

Com a voz apagada e balbuciante, o príncipe exclamou: "Ó homens mundanos, como é fatal o erro em que estão! Inevitavelmente o corpo de vocês se transformará em pó, e não obstante continuam a viver descuidados e despreocupados".

O cocheiro, vendo a profunda impressão que aqueles lúgubres espetáculos causaram no príncipe, deu meia-volta e entrou novamente na cidade.

Ao passar pelo palácio da jovem princesa, sobrinha do rei, esta, surpreendida com a beleza varonil de Sidarta e vendo-o preocupado, exclamou: "Ditoso o pai que o gerou; ditosa a mãe que o criou; ditosa a mulher que chama de marido um homem tão glorioso".

Ao ouvir esse elogio, o príncipe respondeu: "Ditosos são os que encontraram a salvação. Aspirando à paz do espírito, eu buscarei a felicidade do nirvana". E ofereceu-lhe seu colar de pérolas preciosas, como para recompensá-la da lição que lhe havia dado e entrou no seu palácio.

CAPÍTULO QUATRO

A Renúncia

Certa noite, o príncipe estava repousando quando repentinamente levantou-se foi ao jardim. "Ah!", exclamou; "o mundo está cheio de trevas e ignorância; ninguém sabe como curar os males da existência." E suspirou dolorosamente.

Yasodhara atirou-se aos seus pés, suspirando aflita e dizendo:

"Meu senhor não encontra a felicidade em mim?"

Sidarta respondeu:

"Ah, querida esposa! Sinto a alma dilacerada ao pensar que essa felicidade terá fim e envelheceremos sem amor, repulsivos, débeis, encurvados. Sim, ainda que os nossos lábios tenham sido tão fortes selos da vida e do amor, que noites e dias fosse um só o nosso alento; e se interrompesse entre ambos o tempo para arrebatar minha paixão e sua beleza, como a negra noite apaga os rosados raios que brilham no cume dos montes e os cobre com seu sombrio sendal, eis o que descobri: meu coração estremeceu de espanto a essa ideia, e todo o meu ser só pensa em resguardar o amor dos ataques do tempo implacável, que envelhece os homens".

Toda aquela noite o príncipe passou inconsolável e insone. No dia seguinte pediu a seu pai que o deixasse ver a cidade tal qual era, sem os enfeites nem os preparativos de uma festa ilusória, na vida costumeira dos homens que não são reis.

O rei Suddhodana concordou, e na hora em que o sol passa pelo meridiano, Sidarta saiu disfarçado de mercador, e, juntamente com o cocheiro Channa com hábito de religioso, caminharam a pé pelas ruas, confundidos entre os cidadãos, olhando tudo quanto de alegre e triste existia na cidade.

Ao chegarem ao rio, viram uma comitiva de pessoas tristes e chorosas que se aproximavam da margem a passos apressados.

À frente ia um homem agitando uma taça de barro cheia de brasas.

Seguiam-no os parentes mal vestidos e com a cabeça coberta de luto.

Depois vinha o féretro composto de quatro varas com um leito de pedaços de bambus entrelaçados, onde jazia um cadáver rígido, emagrecido, com os pés para a frente, a boca cerrada, os olhos vidrados, as mãos crispadas, coberto de um pó vermelho e amarelo.

Os que o carregavam conduziram o féretro até a margem do rio, onde estava disposta uma pira sobre a qual o colocaram, cobrindo-o com folhas secas.

Em seguida, atearam fogo nos quatro lados. A chama brotou subitamente, lambendo a pira e, com suas sibilantes línguas de fogo, devorou o cadáver.

A pele dessecada rasgou-se e as articulações se desprenderam.

Por fim clareou a fumaça da gordura e as cinzas caíram pardas e vermelhas, com pó de ossos brancos que salpicavam a cor das cinzas.

Era tudo quanto restava do homem.

O príncipe disse:

"Este é o fim de todos os viventes?"

Channa respondeu-lhe:

"Este é o fim de todos. Aquele que o senhor viu na pira e cujos restos são tão desprezíveis que os corvos grasnantes desdenhariam como fútil manjar, já comeu, bebeu, riu, amou e considerou a vida grata e prazenteira.

"Porém, o que sobrevém depois? Quem o sabe? Um violento sopro de ar da selva, um tropeço no caminho, algo sujo na cisterna, a picada de uma cobra, um resfriado, a espinha de um peixe, a queda de uma telha, a vida escapa e o homem morre.

"Já não tem apetites, nem prazer nem dores.

"Nada significa para ele um beijo na boca nem uma queimadura nos lábios.

"Não sente o mau cheiro da sua carne tostada, nem o perfume do sândalo, nem os aromas que ardem na pira.

"Sua boca perdeu o paladar, seus ouvidos não ouvem e seus olhos não veem.

"Desolados, gemem aqueles que ele amava, porque também é preferível destruir o corpo que era a lâmpada da vida, do que oferecer um festim horrendo aos corvos.

"Esse é o destino comum de toda carne.

"Altos e baixos, bons e maus, têm que morrer; e segundo nos ensinam, renascem depois para uma nova vida... onde? Como? Quem sabe?

"E outra vez as angústias, a morte e as chamas da pira. Esse é o destino do homem".

Sidarta levantou para o céu os olhos em que brilhavam lágrimas divinas, e em seguida baixou-os ao chão, inundados de celeste piedade.

Contemplava alternativamente o céu e a terra, como se em voo solitário seu espírito buscasse alguma visão longínqua que unisse o céu à terra.

Depois, ansiosamente, inflamado pela ardorosa paixão de um amor inefável, de uma infinita e insaciável esperança, exclamou:

"Oh, triste mundo! Oh, os seres de minha carne, conhecidos e desconhecidos, presos nesta rede comum de mortes, vida e dores que a todos nos atam! Vejo e sinto a imensa agonia do mundo, a vaidade dos seus prazeres, a ilusão de sua felicidade, a angústia de seu infortúnio, pois a dor substitui o prazer, a velhice a juventude, a perda do ser amado o amor, a odiosa morte a vida, e a morte em vidas desconhecidas que de novo atam os homens à sua roda para girar em círculo de deleites ilusórios e sofrimentos reais.

"A mim também me alucinou este sonho, e pareciame agradável viver a vida como um regato luminoso que flui sem cessar em paz inalterável, e cujo buliçoso caudal desliza ligeiramente pelos floridos prados para jorrar mais apressado suas águas no mar impuro.

"Caiu o véu que me cegava!

"Sou como esses homens que em vão imploram aos deuses que não os ouvem.

"No entanto, algum auxílio há de existir para eles e para mim, e para todos os que necessitarem de ajuda.

"Será que os deuses também estão precisando de auxílio? São tão fracos que não podem salvar os que os invocam com tristeza nos lábios?

"Não deixarei chorar os que puder salvar!

"Como é possível que Brama criasse o mundo para abandoná-lo na miséria? Se é onipotente e o deixa miserável, não é bondoso, e se não é onipotente, não é Deus".

Sidarta sentou-se sob a frondosa arvore *bo*, chamada também *azvattha*, ou *banano*, e entregou-se aos seus pensamentos, meditando sobre a vida e a morte, os males e a decrepitude. Concentrando o seu espírito, libertou-se de toda confusão. Todos os vis desejos desapareceram do seu coração e uma calma perfeita o inundou completamente.

Nesse estado de êxtase, viu com seu olho mental toda a miséria e dor existentes no mundo; viu as dores causadas pelo prazer e a inevitável certeza da morte que pesa sobre todos os seres. No entanto, os homens não despertaram ainda para a verdade. E uma profunda compaixão invadiu a sua alma.

Enquanto meditava sobre o problema do mal, o príncipe viu com o olho do seu espírito, sob as árvores, uma venerável figura revestida de majestade, calma e dignidade. Perguntou-lhe: "De onde vem o senhor? Quem é?"

A visão lhe respondeu: "Sou um samana. Atormentado pelos pensamentos sobre a velhice, a enfermidade e a morte, fui de lugar em lugar para buscar o caminho da salvação. Todas as coisas se precipitam para a ruína; só a Verdade é eterna. Tudo muda e nada dura; unicamente as palavras dos Budas são imutáveis. Eu aspiro à felicidade inalterável, ao tesouro imperecedouro, à vida sem princípio nem fim. Por isso, destruí todo pensamento mundano e retirei-me para o deserto para viver em solidão e mendigar o meu sustento, e assim me consagrei à única coisa necessária".

Sidarta perguntou-lhe: "E como pode alguém obter a paz neste mundo agitado? Já transpus a vaidade e o prazer e tenho horror à sensualidade. Tudo me entristece e a própria vida se tornou intolerável para mim".

O samana lhe respondeu: "Onde há calor também pode haver frio. Os seres sujeitos à dor possuem a faculdade de sentir prazer. A origem do mal ensina que pode existir o bem. Porque essas coisas são correlatas. Assim, onde há muita desgraça, haverá muita felicidade, contanto que os olhos se abram para vê-la.

"Da mesma maneira que aquele que cai na lama procura um lago de lótus para limpar-se, também o pecador busca o grande lago imortal do nirvana para se limpar do pecado.

"Se o que está sujo de lama não busca o lago, isso não quer dizer que o lago não exista. Assim, também, quando existe um caminho santo que conduz ao nirvana, e o homem sujeito ao pecado não o busca, a falta não está no caminho e sim no pecador.

"Se um enfermo não chama o médico que pode curá-lo, se ele morrer a culpa não será do médico, e sim do enfermo.

"Do mesmo modo, se o enfermo da alma não busca o guia espiritual da luz, se o doente da alma continua enfermo a culpa não será do guia".

O príncipe escutou as nobres palavras do seu visitante e lhe respondeu: "O senhor é mensageiro de boas-novas, porém não sei se cumprirei meu propósito. Meu pai me incita a desfrutar a vida e a sujeitar-me aos deveres mundanos que me dão nobreza e enaltecem minha casa. Disse que sou muito jovem e que meu coração ainda palpita por demais fortemente para me entregar à vida religiosa".

A venerável aparição moveu a cabeça em sinal de discordância e respondeu:

"Jamais houve tempo e falta de tempo para buscar a verdadeira religião".

Com o coração palpitando de alegria, Sidarta disse:

"Este é o momento de buscar a verdadeira religião. É o instante propício para romper os laços que me impedem de alcançar a perfeita iluminação. Esta é a hora de aceitar a vida mendicante e de encontrar a senda da libertação".

O mensageiro celeste, satisfeito com a resolução de Sidarta, disse-lhe:

"De fato, esta é a oportunidade que você depara para encontrar a verdadeira religião. Vá e cumpra o seu propósito, porque você é o Buda escolhido e destinado a iluminar o mundo. Você é o perfeito Tathágata, porque cumprirá toda justiça e será o verdadeiro rei do Dharma. Você é Bhagavad, o Bendito, porque há de ser salvador do mundo.

"Vá e cumpra a perfeição da Verdade. Mesmo que sobre a sua cabeça caia o raio, não ceda jamais à ilusão que desvia o homem do caminho da Verdade. Assim como o Sol não se detém em nenhuma das quatro estações do ano, não se afaste do caminho da justiça. Você será Buda.

"Persevere em seu caminho e encontrará o que está buscando. Prossiga até o fim sem se desviar, e alcançará o prêmio. Combata com coragem e vencerá. Que a bênção dos deuses, dos santos de todos os que buscam a luz seja consigo, e que a celeste sabedoria guie seus passos. Você será o Buda nosso Amo e Senhor. Iluminará o mundo e salvará a humanidade da perdição".

Dito isso, a visão celeste desapareceu e a alma de Sidarta ficou em paz.

CAPÍTULO CINCO

O Rei Bimbisara

Sidarta cortou a sua bela cabeleira e trocou as vestes reais pelo rústico hábito amarelo. Ordenou a Channa, o cocheiro, que regressasse a Kapilavastu com o nobre corcel Kanthaka e dissesse ao rei, seu pai, que ele havia abandonado o mundo.

E o Tathágata vagou pelas estradas esmolando de tigela na mão.

Mas a pobreza do seu aspecto não podia encobrir a majestade do seu espírito. Seu porte nobre denunciava a sua origem real, e de seus olhos irradiava o fervoroso anseio pela Verdade. Sua beleza juvenil, aumentada pela santidade, iluminava a sua fronte. Todos os que o viam, contemplavam-no assombrados. Os mais apressados detinham os passos e se voltavam para olhá-lo, e todos lhe tributavam homenagens.

Ao entrar na cidade de Rajagriha, o príncipe mendicante foi de casa em casa, esperando silenciosamente que alguém lhe desse esmola.

Para onde quer que fosse o bem-aventurado, as pessoas lhe davam o que tinham, prostravam-se humildemente diante dele e lhe agradeciam por não desdenhar de aproximar-se de suas casas.

Todos exclamavam comovidos: "Eis aqui um nobre *muni*.* Sua chegada é uma bênção. Que felicidade nos aguarda!"

E logo a sua tigela se enchia, porque todos os vizinhos gritavam:

"Toma do nosso alimento, Senhor. Toma do que é nosso".

O rei Bimbisara, observando a comoção da cidade, indagou a causa, e averiguada, enviou um criado para identificar o forasteiro mendicante.

O criado soube que o *muni* era um sákia de origem nobre, que tinha se retirado para as margens de um riacho do bosque e comia o que as pessoas lhe depositavam na tigela.

Comovido, o rei vestiu seus régios ornamentos, colocou sua cruz de ouro, empunhou o cetro, e acompanhado de seus anciãos e sábios conselheiros, foi ao encontro do misterioso forasteiro.

O rei encontrou o muni de raça sákia sentado à sombra de uma árvore, e admirando a tranquilidade de seu semblante e a distinção de seus gestos, saudou-o respeitosamente e lhe disse:

* Asceta. (N. da T.)

"Ó Samana! As suas mãos são feitas para manejar as rédeas de um império e não para segurar a tigela do mendigo. Se eu não adivinhasse que você era de origem real, não suplicaria que se associasse a mim para governar o meu reino e participar do meu poder. O desejo do mando fica bem para os temperamentos magnânimos, e a opulência não deve ser desprezada. Adquirir tesouros à custa da perda da religião não é coisa boa, porém excelso mestre é quem tem ao mesmo tempo o poder, a opulência e a religião e, com discrição e sabedoria, desfruta de todos esses bens".

Sakiamuni olhou-o e respondeu-lhe:

"Ó rei! O senhor tem fama de liberal e religioso, e suas palavras são prudentes. O rico bondoso que emprega bem suas riquezas possui na verdade um tesouro inestimável; porém, nenhum proveito tirará de suas riquezas aquele que as guarda avaramente. A caridade é prolífera em proveitos. É a maior riqueza, pois quando a pessoa é pródiga não tem remorsos.

"Eu rompi todos os laços que me ligavam, porque busco a libertação. Como poderia voltar de novo ao mundo? Quem deseja a vida religiosa, que é o tesouro mais precioso, deve abandonar tudo quanto prende a sua personalidade e distrai a sua atenção. Deve libertar sua alma da luxúria, da avareza, da ambição e do poder.

"Aquele que cede à luxúria, mesmo que por um pouco, a verá crescer, e mesmo que domine o mundo, se sentirá infeliz.

"O fruto da santidade vale mais do que o poderio sobre a Terra, do que o descanso no céu, do que o império e o predomínio sobre os mundos.

"Um Buda reconhece que a riqueza é ilusória e não confunde o veneno com o alimento sadio. O peixe que se salvou do anzol terá afeição pela isca? Enamorar-se-á o pássaro de sua gaiola? O enfermo febril anseia por um medicamento refrigerante. Daremos a ele outro que lhe aumente a febre? Apagaremos o fogo se lhe mudarmos o combustível?

"Rogo que o senhor não me perturbe. Fale aos que ambicionam os cuidados da realeza e as inquietudes da opulência, que desfrutam temerosos de perder suas riquezas, porque a qualquer momento podem perdê-las, e ao morrer não levarão consigo nem o ouro nem o régio diadema. Em quem mandará um rei morto?

"A lebre que escapou da boca de uma serpente voltará para que ela a devore? Aquele que queimou a mão numa tocha, vai erguê-la novamente depois de tê-la atirado ao chão? O cego que recuperou a visão desejará que lhe arranquem os olhos? Veja se consegue acertar as respostas.

"Meu coração não anela desejos vagos. Renunciei à coroa real e preferi livrar-me dos encargos das existências.

"Não quero, portanto, contrair novos deveres que me impeçam de prosseguir o trabalho iniciado.

"Sinto separar-me do senhor, porém devo ir ao encontro dos yogis que poderão me ensinar a verdadeira religião e a encontrar a maneira de se evitar o mal.

"Desejo que o seu reino desfrute de paz e prosperidade, que a sabedoria resplandeça em seu governo como o sol meridiano em dia claro. Que o seu régio poder seja firme. Que a justiça seja o seu cetro".

O rei uniu respeitosamente as mãos, e prostrando-se diante de Sakyamuni, disse-lhe:

"Que você encontre o que está buscando, e quando o tiver encontrado, rogo que volte e me aceite por seu discípulo".

O Tathágata separou-se amistosamente do rei, resolvido a cumprir o seu propósito.

CAPÍTULO SEIS

Indagações do Senhor Buda

Arada e Udraka eram os mais famosos mestres brâmanes, e ninguém os superava em sabedoria. O Tathágata sentou-se aos pés desses mestres e ouviu suas doutrinas sobre o *atman*, ou espírito do homem, que preside todas as ações. Os mestres ensinaram-lhe a doutrina da reencarnação e a lei do karma, e como as almas têm que sofrer ao nascerem em castas inferiores, ao passo que os purificados pelo sacrifício, oferendas e austeridade, chegam a ser reis, brâmanes e deuses, cada vez em grau mais adiantado da existência. Sidarta estudou os encantamentos, oferendas e métodos mais propícios para alcançar o estado de êxtase e livrar-se da escravidão da personalidade.

Dizia Arada:

"Que é a personalidade que vê, ouve, cheira, gosta, toca, e que na visão, na audição, no olfato, no paladar e no tato tem as cinco raízes do espírito? Que é a personalidade que se move por meio das mãos e dos pés? A alma se manifesta por meio das expressões: 'Eu digo', 'Eu sei', 'Eu percebo', 'Eu venho', 'Eu vou', 'Eu fico'.

"A sua alma não é seu corpo, nem seu olho, nem seu ouvido, nem seu nariz, nem sua língua, nem sua personalidade.

"O Eu percebe o tato no corpo, cheira com o nariz, vê com os olhos, ouve com os ouvidos, pensa com a mente.

"O seu Eu move suas mãos e seus pés. O seu Eu é sua alma. Irreligioso é duvidar da existência da alma, e quem não compreende essa verdade não está no caminho da salvação. O que pensa demais sobre essas coisas confunde a mente e se expõe à incredulidade, porém a purificação da alma conduz à libertação. Para alcançar a libertação é necessário afastar-se da multidão, levar vida eremítica e viver de esmolas.

"Se eliminarmos o desejo e reconhecermos a ilusão da matéria, encontraremos as condições da vida imaterial.

"Como a erva madja, despojada de lenhosa casca ou como a ave presa que escapa de seu cárcere, assim o Eu encontra repouso perfeito quando se livra de suas limitações. Essa é a verdadeira libertação, porém ela só é alcançada por aqueles que têm profunda fé".

Como o Buda não ficou satisfeito com esses ensinamentos, ele replicou:

"As pessoas são escravas porque não abandonaram a ideia da personalidade.

"No nosso pensamento, as coisas e suas qualidades são diferentes, porém na realidade elas estão reunidas.

No nosso pensamento o calor é distinto do fogo, porém na realidade não podem separar-se.

"O senhor diz que consegue abstrair a coisa de sua qualidade, porém se leva essa operação até o fim, verá que não é assim.

"O homem não é um composto de vários princípios? Não somos constituídos por diferentes escandas*, como dizem os sábios? O homem é um composto de forma física, de sensações, de emoções, pensamentos, inclinações e mente.

"O que os homens chamam seu eu não é uma entidade distinta dos escandas.

"Muita confusão provém de se crer vaidosamente que a personalidade é o verdadeiro Eu e de lhe atribuir a grandeza e o mérito das ações. A ideia da personalidade se interpõe entre a sua natureza racional e a verdade. Elimine-a, e verá as coisas como elas são.

"Aquele que pensa sabiamente se desembaraçará da ignorância mediante a aquisição do conhecimento.

"Além disso, se a sua personalidade persiste, como poderá alcançar a libertação? Se o Eu está destinado a renascer em qualquer um dos três mundos, encontrará sempre a mesma espécie de existência; ficará sempre envolto no egoísmo e no pecado.

"Tudo o que separa está sujeito à desagregação. Uma vez que não podemos escapar da roda de mortes e renascimentos, a libertação final não será possível".

---

* Do sânscrito *skandhas*: resíduos, impressões, memórias do passado. (N. da T.)

Udraka dizia:

"Você não vê ao nosso redor o efeito do karma? Por que os homens diferem quanto ao caráter, posição, riquezas e destino na vida terrena? É pelo seu karma, que compreende o mérito e o demérito. A reencarnação da alma depende do karma. Das vidas anteriores herdamos os resultados de nossas boas e más ações. Se assim não fosse, como poderia haver diferenças tão profundas entre os homens?"

O Tathágata meditou profundamente sobre os problemas da reencarnação e do karma, e descobriu a verdade neles subjacente. Então disse:

"A doutrina do karma é indiscutível, porque todo efeito tem sua causa. O homem colhe aquilo que semeia, e o que agora colhemos, devemos ter semeado em existências anteriores.

"Vejo que a alma reencarna porque está submetida à lei de causa e efeito e porque o homem cria o seu próprio destino, porém não vejo a reencarnação da personalidade.

"Esta minha individualidade não é composta de espírito e matéria? Não está constituída de qualidades que foram evoluindo gradualmente? Os cinco sentidos de percepção de meu organismo provêm dos antepassados que os tiveram. Minhas ideias provêm em parte dos indivíduos que as conceberam, e por outra parte das combinações dessas ideias em minha mente.

"Se há um *atman*, um espírito que percebe as sensações por meio dos sentidos, poderá ver, ouvir, cheirar, gostar e tocar muito melhor sem os olhos, nariz, ouvido, língua e tato do organismo corporal.

"Compreendo a reencarnação da alma numa personalidade e a justiça do karma, porém não vejo o *atman* que sua doutrina estatui como autor das ações humanas.

"Há de haver um renascimento sem personalidade, pois se a personalidade fosse real, seria imortal e, portanto, não poderíamos nos livrar dela. O temor do inferno não teria limites e a paz não existiria para os homens. Os males da vida não provêm da ignorância e do pecado, mas são inerentes à natureza da nossa existência".

O Tathágata foi depois ver os sacerdotes que oficiavam nos templos, e seu ser compassivo estremeceu ao presenciar a inútil crueldade realizada ante os altares dos deuses.

"É apenas por ignorância que esses homens realizam festas ruidosas e convocam magnas assembleias para celebrar sacrifícios sangrentos. Vale mais adorar a Verdade do que o vão desejo de agradar os deuses com efusão de sangue.

"Que amor pode sentir o homem que supõe que a destruição de uma vida invalida as más ações? Seria possível que um crime espie outro crime? Pode apagar os pecados do mundo o sacrifício de uma vítima inocente? Isso equivale a praticar a religião com aviltamento da moral.

"Acalmem o ânimo e não matem mais. Essa é a verdadeira religião.

"Os ritos são ineficazes; as orações são fórmulas repetidas de maneira vã; os feitiços carecem de virtude favorável.

"O verdadeiro culto, o genuíno sacrifício consiste em desligar-se da concupiscência, da voluptuosidade e das más paixões, em não alimentar ódio nem malevolências".

CAPÍTULO SETE

Penitência em Urivilva

Em busca de melhores conhecimentos, o Bodhisatva chegou a um lugar ermo onde estavam estabelecidos muitos eremitas que virtuosamente refreavam seus sentidos, reprimiam suas paixões e se submetiam a uma severa disciplina.

Eram os *yogis, brahmacharis* e *bhiksus** que viviam separados do mundo como um rebanho lúgubre e descarnado.

Uns mantinham os braços para o alto noite e dia, até que, minados por enfermidades, exaustos e com as

* *Yogis* (pronuncia-se *yoguis*), *brahmacharis* e *biksus* são os seguidores da escola Yoga, ascetas brâmanes e discípulos mendicantes, respectivamente, que renunciaram aos deveres e regalias do mundo para se consagrarem exclusivamente à vida espiritual ou mística. (N. da T.)

articulações anquilosadas e os membros rígidos, seus braços pareciam ramos de uma árvore morta.

Outros tinham fechado as mãos tão fortemente e por tanto tempo, que as unhas haviam atravessado as palmas como agulhas, fazendo feridas.

Alguns estavam calçados com sandálias cheias de pregos, ou laceravam a fronte, o peito e os músculos com objetos cortantes, ou sacrificavam suas carnes com o fogo. Outros atravessavam-na com pontas de ferro, dormiam sobre imundícies e cobriam-se com farrapos de cadáveres. Uns moravam em lugares impuros, onde as piras ardiam, em companhia de cadáveres, rodeados de corvos que soltavam agudos gritos ao redor dos despojos fúnebres. Outros repetiam em voz alta, quinhentas vezes ao dia, o nome de Siva, com sibilantes cobras enroladas em seus quadris e os pés paralisados em buracos.

Assim era aquela espantosa congregação.

Os membros tinham a cabeça coberta de feridas por causa do tórrido calor; seus olhos eram lacrimosos, os nervos e os músculos tensos, o rosto deles era fundo e pálido como se fossem defuntos de cinco dias.

Com muito cuidado e bom propósito, Sakyamuni se entregou à mortificação do corpo meditando sobre as verdades abstratas, e não tardou em superar em autoridade a todos os anacoretas, que o reconheceram como mestre.

Durante alguns meses, o Buda mortificou pacientemente seu corpo e exercitou o seu espírito na mais rigorosa vida ascética.

No final, fazia uma única refeição ao dia, com a intenção de vencer o grande oceano do nascimento e da morte e chegar à outra margem da libertação. Tão extenuado e consumido ficou, que parecia um enfermo. Porém, a fama de sua santidade se espalhou por toda a redondeza, e de lugares longínquos vinham pessoas vê-lo e receber a sua bênção.

No entanto, o Bem-aventurado não estava satisfeito, porque viu que a mortificação não extingue o desejo nem traz o êxtase da iluminação. Buscava o verdadeiro conhecimento e não o encontrava. Sentado sob uma árvore, considerou o estado do seu espírito e a consequência de sua mortificação.

Então disse:

"Meu corpo se debilita cada dia mais com abstinências, e isso não me faz adiantar um passo na busca da libertação. Este não é o verdadeiro caminho.

"Será melhor fortalecer o meu corpo com o alimento e pôr o meu ânimo em disposição de possuir calma".

Foi até o rio tomar um banho, mas quando quis sair da água, estava tão fraco que teve que se agarrar aos ramos de uma árvore na margem para poder saltar em terra firme.

Voltou então à congregação, e ao chegar ali, caiu desmaiado e os eremitas o acreditaram morto.

Próximo dali morava um pastor, cuja filha, chamada Nanda, chegou até onde estava desmaiado o Buda que, ouvindo a voz da moça, voltou a si. Então ela lhe ofereceu arroz com leite, que ele aceitou com prazer.

Com as forças recobradas pelo alimento, a sua mente clareou e se predispôs para receber a suprema iluminação.

A partir de então o Buda voltou a alimentar-se normalmente. Os cinco eremitas que presenciaram essa cena com Nanda e observaram a mudança de conduta, acreditaram que seu fervor religioso diminuíra e que Sidarta, o tão venerado Mestre, se esquecera do seu magnífico fim. Porém Buda, fitando tristemente o maior desses infelizes, lhe disse:

"Há meses moro nestas montanhas buscando a verdade, e vejo meus irmãos, e também você, lamentavelmente torturados. Por que acrescentar males à vida, que por si já é tão má?"

O eremita respondeu-lhe:

"Está escrito que se um homem mortifica a sua carne até que a intensidade da dor só lhe deixe um sopro de vida e esperança da voluptuosa morte, os males que ele sofre limparão a imundície do pecado, e a alma purificada voará liberta da aflição para as gloriosas esferas de esplendor inconcebível".

Buda replicou-lhe:

"Esta nuvem que flutua no céu ao redor do trono do seu Deus ergueu-se de um mar agitado e voltará a cair em gotas semelhantes a lágrimas; passará por caminhos ásperos e penosos, por vales e pântanos, por rios lamacentos até chegar ao Ganges e voltar ao mar de onde partiu.

"Sabe, meu irmão, se não acontece o mesmo aos santos com toda a sua felicidade, depois de tantos sofrimentos?

"Porque o que sobe torna a cair, o que se compra se gasta, e se você compra o céu com o seu sangue no doloroso mercado do inferno, quando estiver concluído o negócio, o sofrimento recomeçará".

O eremita respondeu-lhe suspirando:

"Ai, talvez recomece! Eu não sei nem estou seguro de alguma outra coisa; porém, atrás da noite vem o dia, e atrás da tormenta, a calma; e nós nos aborrecemos desta maldita carne que impede a alma de tomar o seu ansiado voo. Assim, pois, para a felicidade da alma, entregamos aos deuses nossas rápidas torturas para obter as alegrias duradouras".

Sidarta respondeu:

"Porém, mesmo que essas alegrias durem milhões de anos, elas por fim se desvanecerão.

"Ou, então, diga-me: há em cima ou embaixo, ou ao redor de nós, alguma existência tão diferente da nossa que não se modifique? São eternos os seus deuses?"

"Não; só o absoluto Brahman permanece. Os deuses nada mais fazem senão viver."

Então o Senhor Buda exclamou:

"Você quer ser tão sábio quanto os santos e esforçados? Renuncie a esses jogos cruéis em que atira seus gemidos e lamentos para ganhar as apostas que talvez não passem de sonhos passageiros.

"Quer, por amor à sua alma, fazer sofrer a sua carne, afligi-la e mutilá-la de tal maneira que ela já não possa aprisionar o espírito, e buscando um refúgio, se rende no caminho antes de chegar a noite como cavalo dócil, porém exausto?

"Vocês querem, tristes ascetas, estragar e destruir esta bela moradia em que habitamos depois de um doloroso passado, e cujas janelas nos dão luz, ainda que escassa, para olharmos fora e sabermos se a aurora vai surgir e qual será o melhor caminho?"

O eremita respondeu-lhe:

"Escolhemos este caminho e o seguiremos até o fim. Diga-nos se conhece outro melhor; se não, vá em paz".

O Buda, ao ver os eremitas se afastarem dele, teve pena daquela falta de confiança, e não sentiu mais o abandono em que vivia.

Reprimiu seu desgosto e afastou-se. Os eremitas disseram: "Sidarta nos abandonou. Ele procura um lugar mais agradável".

CAPÍTULO OITO

A Tentação

O Senhor Buda encaminhou-se novamente para a colossal árvore baniana, sob cuja folhagem ia ser revelada a Verdade do seu destino. No momento em que se sentou sob a árvore, caiu a noite.

Porém, Mara, o príncipe das trevas, tendo notícia de que ali estava o Buda, que ele iria libertar os homens e era chegada a hora de encontrar a Verdade para a salvação do mundo, enviou ordens às potestades do mal.

Então, os demônios inimigos da Sabedoria e da Luz saíram dos abismos profundos e se congregaram.

Eram Arati, Trishna e Raga, com suas tramas de paixões, horrores, ignorâncias e concupiscências, com todos os engenhosos inventos das trevas e do temor, aborrecedores de Buda, cujo espírito tentavam conturbar.

Entre os fragores da tormenta, legiões de demônios se agitaram no espaço com o ribombar do trovão e relâmpagos ofuscantes, semelhantes a dardos, que se desprendiam do céu purpúreo.

Com estratagemas e conjurações, faziam aparecer figuras de beleza feiticeira entre a tranquila folhagem, as quais ressoavam cânticos voluptuosos e murmúrios de amor.

Algumas vezes o tentavam oferecendo-lhe poder; outras, apresentavam-lhe dúvidas sobre a Verdade como se ela fosse ilusão.

Chegaram os pecados capitais, os anjos do mal.

Primeiro Attavada, o pecado do egoísmo, que se compraz em contemplar a sua imagem refletida no universo como num espelho, lhe diz:

"Se você é Buda, deixe que os demais andem nas trevas.

"Basta que seja invariavelmente você mesmo.

"Levante-se e desfrute da felicidade dos deuses, que não sofrem mudança nem derrota nem luta".

Porém, Buda lhe replicou:

"Em você, a justiça é menosprezível e a injustiça uma maldição.

"Vá enganar àqueles que amam a si mesmos".

Aproximou-se depois a pálida dúvida, o pecado irônico, que silvou nos ouvidos do Mestre:

"Todas as coisas são ilusões e vã é a ciência de sua vaidade.

"Você só busca a sua própria sombra.

"Levante-se e abandone estes lugares.

"Não há maior recurso do que um desdém paciente, e não existe nenhum remédio para o homem, que é incapaz de deter a roda que gira sem parar".

E o Senhor Buda respondeu:

"Você nada tem a ver comigo, dúvida insidiosa, o inimigo mais astuto dos homens".

Em terceiro lugar veio a superstição, a feiticeira que se encobre sob o manto da modesta fé, porém que sempre engana as almas com cerimônias e orações, tendo em suas mãos as chaves que fecham os infernos e abrem o céu.

Disse-lhe a superstição:

"Você é audacioso. Trancafie os nossos livros sagrados, destrua os nossos deuses, despovoe os templos e estraçalhe a Lei que mantém os sacerdotes e sustenta os reis".

Porém o Buda respondeu:

"Você me pede que destrua a forma transitória; porém, a Verdade livre permanece.

"Volte para as suas trevas".

Depois, adiantou-se galhardamente o mais ousado tentador.

Era Kama, o rei das paixões, que exerce influência até mesmo sobre os deuses.

Era o mestre de amores, o soberano do reino do prazer.

Aproximou-se da árvore, sorridente, com seu arco de ouro enfeitado de flores vermelhas, e na aljava as setas do desejo e cujas pontas são cinco línguas de fogo que pungem o coração e ferem mais cruelmente do que dardos envenenados.

Acompanhavam-no coortes de esplêndidas formosuras, de lábios e olhos celestes que sensualmente louvavam o amor ao som de instrumentos invisíveis e harmoniosos.

Era tal o encanto delas que até a noite parecia suspender o seu curso para ouvi-las, e as estrelas e a Lua se detiveram atentas à sua carreira, enquanto em seu canto as beldades recordavam ao Buda as delícias perdidas, e lhe diziam que um mortal não pode encontrar nos três imensos mundos nada comparável aos perfumados seios da formosa amante abandonada, nem aos seus rosados mamilos rubros de amor.

Acrescentaram que nada sobrepuja a suave harmonia da forma, que oferece à vista linhas e encantos da pessoa amada, na indizível harmonia que se encontra de alma para alma, que faz ferver o nosso sangue e que a vontade adora e deseja porque sabe que ali está o ótimo, que é o verdadeiro céu onde os mortais são como deuses, criadores e soberanos, que é o dom dos dons, sempre renovado, e por ele se podem suportar mil dores.

Porque, quem se lembra de ter sofrido quando era enlaçado por braços ternos e toda a sua vida se fundia num suspiro de felicidade e num ardente e apaixonado beijo possuía o mundo inteiro?

Assim cantavam com gestos lânguidos, com olhos que soltavam amorosas chamas e com lábios de sedutores sorrisos.

Em sua dança lasciva deixavam entrever os quadris e coxas como casulos entreabertos que ostentam seus matizes e, no entanto, ocultam seus corações.

Jamais houve para olhos humanos encanto maior do que aquelas bailarinas noturnas que se aproximavam da árvore, cada qual mais sedutora que a precedente, murmurando:

"Ó excelso Sidarta! Sou sua. Prove de minha boca e veja se não é deleitosa a minha juventude".

Mas ao ver que o espírito de Buda permanecia inquebrantável, Kama brandiu o seu arco mágico, e de repente destacou-se do grupo de dançarinas uma figura muito mais bela e majestosa do que as outras cujo semblante se assemelhava ao da doce Yasodhara.

Seus olhos negros, regados de lágrimas, refletiam paixão extremamente veemente.

Seus braços, abertos para ele, se retorciam de dor; e gemendo suavemente, a encantadora sombra chamou-o pelo seu nome, dizendo entre suspiros:

"Meu príncipe. Estou morrendo porque você me abandonou. Que céu encontrou que seja comparável ao que gozamos nas margens do límpido Rohini, na Mansão do Prazer, onde choro por você há já longos e penosos anos? Volte, Sidarta. Oh, volte! Ao menos beije-me outra vez em meus lábios, e que ao menos outra vez eu repouse no seu peito, para que seus sonhos estéreis se desvaneçam. Contemple-me. Não sou aquela que você ama?"

Buda respondeu-lhe:

"Pelo doce amor daquela que desse modo você lembra, sombra formosa e falsa de vã astúcia, não a maldigo porque você assumiu uma forma tão querida, ainda que, como todas as aparições terrenas, seja uma ilusão mil vezes enganosa. Desvaneça-se de novo no vazio!"

Então, ressoou um grito no bosque, e o tropel sedutor se desvaneceu com as cenas vaporosas.

CAPÍTULO NOVE

A Iluminação

Afugentado Mara, o Senhor Buda entregou-se à meditação.

Ante os olhos do espírito passaram os males e misérias do mundo, procedentes das más ações com seus consequentes sofrimentos.

Então ele disse:

"É verdade que se os homens soubessem antecipadamente o resultado de suas más ações não as cometeriam; porém, a personalidade é cega e eles continuam sujeitos aos seus perniciosos desejos.

"Desejam ardentemente o prazer, e engendram a dor. Quando a morte destrói sua personalidade, não encontram a paz. Continuam sujeitos à roda de mortes e renascimentos, e aparecem em outra personalidade em novas existências.

"Assim continuam movendo-se num círculo, sem poder fugir do inferno que eles mesmos criaram. Vãos são os prazeres e ineficazes seus esforços. Ocos como o bambu, e vazios como a bolha de sabão.

"O mundo está cheio de pecado e aflição, porque nele domina o erro.

"Os homens se extraviam porque pensam que o erro vale mais que a Verdade.

"E mesmo que vejam a Verdade, os homens a desprezam pelo erro porque este é no momento mais atraente, embora dê como resultado a aflição e a infelicidade".

Buda começou então a expor a doutrina do *dharma.*

O dharma é a verdade, a lei, a religião. Somente o dharma pode livrar-nos do erro, do pecado e da aflição.

Ao considerar as causas do nascimento e da morte, o Bem-aventurado reconheceu que a ignorância é a fonte envenenada de todo o mal, que se encadeia nas doze vidanas. No princípio da existência não há conhecimento, e dessa ignorância surgem os apetites da vida de sensação, que por sua vez engendram as formas orgânicas com os seis campos de percepção, ou seja, os cinco sentidos e a morte em que os cinco se resumem. Os seis campos se relacionam com o mundo exterior e, desse contato, provém a sensação que tece a rede da personalidade com o apego às coisas materiais.

A personalidade se perpetua nos sucessivos nascimentos que ocasionam dor, angústia, abatimento, velhice e morte.

A causa de toda dor é a ignorância. Dissipe a ignorância e os apetites que nascem dela se desvanecerão. Desaparecerá a falsa percepção do mundo material e vocês se livrarão da concupiscência, do erro, da ilusão, do egoísmo da personalidade, que se sobrepõem à enfermidade, à velhice, à morte e ao renascimento.

O Sábio viu as quatro nobres verdades que mostram o caminho do nirvana e o aniquilamento da personalidade. A primeira nobre verdade é que o sofrimento existe. Sofre-se ao nascer, ao crescer, ao adoecer e ao morrer. Sofre quem está unido ao que repugna. Sofre quem se vê forçado a separar-se de quem ama. Sofre quem anela o que não consegue obter.

A segunda nobre verdade é que o sofrimento provém da concupiscência. O mundo objetivo excita à sensação, e a sensação desperta o desejo com ânsia de imediata satisfação. O desejo de viver para satisfazer os desejos da personalidade nos prende nas redes do sofrimento. O prazer sensual é um acontecimento que resulta em dor.

A terceira nobre verdade é que o sofrimento pode cessar. Quem subjuga a personalidade, livra-se da concupiscência, e, por conseguinte, do desejo e da dor.

A quarta nobre verdade é que pelo caminho óctuplo chega-se à eliminação do sofrimento. Apenas aquele que submete sua vontade ao dever salva-se do sofrimento.

O homem inteligente segue o caminho óctuplo e desse modo deixa de sofrer. Eis as oito etapas do caminho:

I. Reta compreensão.
II. Reto propósito.
III. Reta palavra.
IV. Reta conduta.
V. Retos meios de subsistência.

VI. Reto esforço.
VII. Reta atenção.
VIII. Reta meditação.

Trilhe-o respeitando o dharma, isto é, cumprindo o seu dever e evitando prejudicar outros seres.

Pense na lei de causa e efeito, na lei do karma que forja o destino do homem, e domine os seus sentimentos.

Essa é a doutrina da reta compreensão.

Seja benévolo com tudo quanto vive. Extirpe a maledicência, a inveja e a ira de tal sorte que você se assemelhe ao suave sopro da brisa.

Esse é o reto propósito.

Cuide de seus lábios como se fossem os portais do palácio de um rei. Que todas as suas palavras sejam francas, sinceras e corteses, como se você estivesse na presença do rei.

Essa é a reta palavra.

Que cada uma de suas ações elimine um vício e estimule uma virtude.

Como se entrevê um fio de prata entre as contas cristalinas de um colar, assim se deve mostrar o amor em toda boa ação.

Essa é a reta conduta.

As outras quatro etapas superiores só podem ser percorridas pelos pés que já não pisam caminhos mundanos. Almas cujas asas não têm mais plumagem! Não tente voar até o Sol!

O ar das regiões inferiores lhe é suave, e conhecidos e seguros lhes são os caminhos e níveis domésticos a que você está acostumado.

Apenas os seres vigorosos podem abandonar o ninho que cada qual fabricou para si.

O amor da mulher e do filho são valiosos. Eu sei disso. As amizades e os recreios da vida são agradáveis. As compassivas qualidades de uma conduta virtuosa são úteis.

Faça de sua debilidade uma escada de ouro e eleve-se pela convivência diária com essas ilusões até as verdades mais dignas de ser amadas.

Desse modo, você alcançará cumes mais serenos, a sua subida será menos penosa, suas culpas não pesarão tanto, e você se fortalecerá pela vontade para quebrar as ligações dos sentidos e entrar no caminho.

Esse é o dharma. Essa é a religião. Essa é a Verdade.

E o sábio exclamou:

"Quanto tempo andei por caminhos errados! Ligado durante muitas vidas pela cadeia dos desejos, busquei inutilmente a origem da inquietação que tortura o homem, do egoísmo e da ansiedade inerentes à vida terrena, com seu nascimento, suas dores e sua morte.

"Porém já o descobri. É a personalidade. Não construam, ó Senhores do Karma, nova casa para mim, porque eu rompi o jugo do pecado e quebrei o leme da inquietação. Meu espírito entrou no nirvana. Desvaneceu-se o desejo. Ali está a personalidade e aqui a Verdade. Onde está a personalidade não está a Verdade. São incompatíveis. A personalidade é erro transitório do samsara, a roda dos nascimentos e mortes; a isoladora separação egoísta, mãe da inveja e do ódio. A personalidade é a insensata avidez e prazeres, o louco afã dos ilusórios triunfos e da vaidade.

"Em troca, a verdade se origina da reta compreensão das coisas; é eterna; é a realidade da existência; é a bem-aventurança que conduz ao reto caminho.

"A personalidade é uma ilusão, e não há no mundo nem vício nem pecado que não derive da afirmação da personalidade.

"Para alcançar a Verdade é indispensável reconhecer a ilusão da personalidade.

"Não é possível caminhar com pés firmes pelo reto caminho sem que se tenha antes abandonado o embaraçoso lastro das paixões egoístas. A paz perfeita requer o abandono de toda vaidade.

"Bem-aventurado quem compreende o dharma. Bem-aventurado o que não prejudica os demais seres humanos. Bem-aventurado quem venceu o pecado e está livre de paixões. Desfruta de completa felicidade quem vence o egoísmo e a vaidade, porque já é perfeito e santo.

"Alcançou a suprema iluminação".

FUNDAÇÃO DO REINO DA VERDADE

CAPÍTULO UM

O Sermão de Varanasi*

O Senhor Buda voltou para o lugar onde estavam os cinco eremitas que, ao verem aproximar-se o antigo mestre, resolveram não lhe dar mais esse título, mas chamá-lo pelo nome, pois diziam entre si: "Ele quebrou o seu voto e fracassou na santidade. Já não é dos nossos, mas apenas Gautama, um homem que vive na abundância e se entrega aos prazeres mundanos".

Todavia, quando o Bem-aventurado se aproximou deles, ergueram-se os cinco inconscientemente para recebê-lo e saudá-lo, embora o chamassem pelo nome e o tratassem como amigo.

* No original está "O Sermão de Benares". *Varanasi* era a denominação dessa cidade no tempo do Senhor Buda, mudada durante o domínio inglês na Índia e restabelecida pelo governo indiano em 1956, durante as festividades do 2.500º aniversário da morte do notável Instrutor.

O Bem-aventurado lhes disse:

"Não chamem ao Tathágata* pelo seu nome nem dê a ele o trato de amigo, porque já é Buda, o Iluminado, que olha todos os seres com a mesma compaixão, e por isso o devem chamar de pai. É mau faltar com respeito ao pai. É pecado menosprezá-lo.

"O Tathágata não crê que a austeridade seja o caminho para a salvação. Porém, isso não quer dizer que se entregue aos prazeres mundanos e viva na abundância. O Tathágata encontrou o caminho do meio.

"A abstenção de carnes ou pescados, raspar a cabeça ou trançar o cabelo, vestir-se com túnica grosseira, cobrir-se de pó e oferecer sacrifício a Ani, nada disso purificará aquele que não se libertou do erro.

"A leitura dos Vedas, as dádivas aos sacerdotes, a mortificação pelo calor ou pelo frio, e outras penitências semelhantes com intuito de alcançar a imortalidade, não purificam quem não se libertou do erro.

"A ira, a embriaguez, a teimosia, a hipocrisia, a presunção, a maledicência, a arrogância, as más intenções, são impurezas e certamente não são limpas pelas mortificações corporais.

"Permitam que eu mostre a vocês o caminho do meio que é equidistante dos extremos viciosos.

"O devoto extenuado pela penitência confunde a sua mente, e seus pensamentos são doentios. A austeridade mortificante não constitui meio eficaz para subjugar os sentidos da percepção.

---

* *Tathágatta* (sânscrito), "alguém que é como o próximo". É um dos títulos adotados por Gautama Buda, com o significado de "O que segue as pegadas de seus predecessores ou daqueles que chegarem antes". (N. da T.)

"Aquele que alimenta sua lâmpada com água em vez de azeite não dissipará as trevas, e nem é possível avivar o fogo com lenha podre. As mortificações são tão penosas quanto inúteis; e mesmo que o homem leve uma vida austera, não poderá emancipar-se da escravidão da personalidade se não extinguir o fogo da concupiscência.

"Toda mortificação é inútil se a personalidade persiste em desejar os prazeres do mundo e os deleites do céu.

"Porém, quem subjuga a personalidade está livre de concupiscência, não deseja prazer nenhum, nem mundano nem celeste, e por isso não o contaminará a satisfação de suas necessidades naturais. Que coma e beba para a manutenção do corpo.

"A água que rodeia a flor de lótus não molha as suas pétalas.

"Toda sensualidade é enervante. O homem sensual é escravo de suas paixões, e degrada-se de maneira vil ao buscar o prazer. Porém, não é mau satisfazer as necessidades da vida. Ao contrário, é nosso dever manter a saúde do corpo, porque de outra maneira não poderíamos manter acesa a lâmpada da sabedoria, nem dar fortaleza e lucidez à mente.

"Esse é, ó devotos, o caminho equidistante dos dois extremos".

E os cinco devotos tornaram-se os primeiros discípulos do Senhor Buda.

O Bem-aventurado falou bondosamente aos seus discípulos, mostrando compaixão pelos erros deles e representando-lhes a inutilidade de seus esforços.

A pequena desconfiança que existia no coração deles desapareceu ao calor e persuasão das palavras do Mestre.

Então o Bem-aventurado pôs em movimento a roda da Lei, e começou a pregar aos cinco discípulos, abrindo-lhes a porta da imortalidade e expondo-lhes as excelências do nirvana. Quando o Senhor Buda começou o sermão, os mundos estremeceram de júbilo. Os devas abandonaram a sua mansão celeste para ouvir as doces palavras da Verdade; os santos que já haviam saído deste mundo congregaram-se em torno do Grande Instrutor para receber as felizes novas; e até os animais gozaram do benefício que fluía de suas sábias palavras. Todas as criaturas, deuses, homens e animais escutaram e compreenderam, cada qual em seu grau de inteligência, a luminosa mensagem de libertação.

Assim disse o Senhor Buda:

"Os raios da Roda são as regras da retidão de conduta. A justiça é a uniformidade de sua circunferência; a sabedoria é a sua faixa; a meditação é o cubo em que se fixa o eixo da verdade inflexível.

"Aquele que percebe a existência da dor e conhece a sua causa, o seu remédio e a sua extinção, compreende as quatro nobres verdades e está em bom caminho.

"Seu reto propósito será a luz que iluminará seus passos, e a palavra verdadeira o seu refúgio. Caminhará em linha reta, porque reta é a conduta.

"O trabalho honroso terá seu consolo; seus esforços serão seus passos; seus bons pensamentos, seu hálito, e a paz será sua companheira inseparável.

"Tudo quanto teve princípio terá fim. É vão todo cuidado com a personalidade, todas as atribulações que a afetam são passageiras, e se desvanecerão como um pesadelo quando o sonhador acorda.

"Quem desperta para o conhecimento da verdade, livra-se de todo temor e conhece a futilidade de suas inquietações, ambições e sofrimentos. Acontece que, às vezes, ao sair de um banho, a pessoa pisa numa corda úmida e a confunde com uma serpente; e horrorizada, sofre a agonia idêntica à causada por uma picada venenosa. Quão alegre ficará o homem ao reconhecer o seu engano e a não existência de tal serpente! O motivo de seu espanto está no seu erro, na sua ignorância e ilusão. Quando souber que pisou numa corda, reconquistará o sossego e a tranquilidade.

"Essa é a atitude de quem conhece a ilusão da personalidade, e que a causa de todas as suas dores, sofrimentos, inquietações e vaidades é uma miragem, uma sombra, um sonho.

"Feliz aquele que vence o egoísmo, alcança a paz e encontra a Verdade.

"A Verdade liberta-nos do mal; não há no mundo libertador igual.

"Confiem na Verdade, mesmo que não sejam capazes de compreendê-la, mesmo que no começo a sua doçura pareça amarga.

"O erro extravia; a ilusão é a mãe do mal, que embriaga como bebida fermentada; porém muito logo se desvanece, deixando o homem abatido e desgostoso.

"A personalidade é uma febre, uma visão passageira, um sonho; porém, a Verdade é sublime, saudável, eterna. Unicamente a Verdade é imortal, permanece para sempre".

Exposto esse ensinamento, o venerável Kaudinya, o discípulo mais idoso, viu a Verdade com os olhos do espírito e exclamou:

"Certamente, ó Senhor Buda, o senhor encontrou a Verdade!"

E os devas, os santos e os espíritos bons das gerações mortas, que ouviram o sermão do Tathágata, receberam alegres a doutrina e exclamaram: "Em verdade o Bem-aventurado comoveu a Terra. Pôs em movimento a Roda da Lei, sem que ninguém no universo, deuses e homens, possam movê-la em sentido contrário. A mensagem da Verdade será proclamada em todo o mundo, e a justiça, a boa vontade e a paz reinarão na Terra".

CAPÍTULO DOIS

O Pai de Buda

O Buda estava em Radjagriha, quando recebeu um recado de seu pai, Suddhodana, que dizia:

"Desejo ver meu filho antes de morrer. Todos têm recebido o benefício de sua doutrina, menos seu pai e seus parentes. Ó Tathágata a que o mundo adora! Seu pai o espera, como o lírio impaciente aguarda a saída do Sol".

O Senhor Buda atendeu ao pedido de seu pai, e se pôs a caminho para Kapilavastu.

Esse acontecimento foi conhecido por toda a Comarca, cujas pessoas diziam: "O príncipe Sidarta, que deixou seu lar para adquirir luz e conhecimento, volta iluminado".

Suddhodana saiu para receber o príncipe, acompanhado da família real e de seus ministros. Ao vê-lo de longe, admirou-se da majestade de seu porte e da beleza de sua fisionomia, e alegrou-se em seu coração sem que seus lábios conseguissem proferir uma palavra.

Realmente aquele era seu filho, outrora o príncipe Sidarta, o herdeiro do trono, porém agora transformado em Buda, o Bem-aventurado, o Santo, o Iluminado, o Tathágata, o Senhor da Verdade, o Instrutor do Mundo.

O rei Suddhodana desceu do carro e foi ao encontro de seu filho, dizendo-lhe: "Faz sete anos que não vejo você, e com que impaciência esperava este momento!"

O Senhor Buda sentou-se em frente de seu pai, que avidamente o olhava sem atrever-se a chamá-lo pelo nome. Depois, ele lhe disse: "Sidarta, junte-se ao seu velho pai e seja de novo seu filho".

Porém, ao ver a serena firmeza de seu filho, reprimiu seus sentimentos dolorosos.

E assim o rei, sentado em frente de seu filho, gozava em sua aflição e sofria em seu gozo.

Podia ufanar-se de seu filho, porém sofria ao pensar que não seria ele o seu herdeiro.

O rei disse ao Senhor Buda:

"Queria oferecer a você o meu reino; porém, você faria tanto caso desta oferta como de um punhado de cinzas".

O Senhor Buda respondeu-lhe:

"Sei que o coração do rei transborda de amor, e está profundamente triste por causa do seu filho. Porém, os amorosos laços que o ligam ao filho que perdeu hão de ligá-lo com igual bondade a todos os seres, ou em lugar deste filho, receberá outro maior do que Sidarta. Receberá o Buda, o Mestre de Verdade, o pregador da Justiça; a paz do nirvana inundará o seu coração".

Suddhodana estremeceu de alegria ao ouvir as palavras suaves de seu filho, e de mãos juntas exclamou com os olhos banhados de lágrimas:

"Que transmutação maravilhosa! Minha dolorosa tristeza se desvaneceu. Antes, eu estava pesaroso e meu coração aflito, porém agora colho o fruto de sua magna renúncia. Movido de profunda compaixão, você fez muito bem em renunciar às mesquinhas manifestações do régio poder, para cumprir seus nobres propósitos de religiosa devoção. Você encontrou o caminho e já pode pregar a verdade ao mundo ansioso por libertação".

Segundo relatam as Escrituras Sagradas, no vasto prado às margens do Kohana, o Mestre sentou-se dominando a multidão respeitosa ali congregada para ouvir a sua palavra.

Buda estava sentado à direita do rei, seu pai; ao redor se agrupavam os magnatas da corte, e a seus pés estava Yasodhara, que com seu manto prateado cobriu as pregas do pobre manto amarelo do seu esposo.

A noite caiu sobre os ouvintes, como celestial donzela extasiada de amor, cujas tranças de cabelo eram como ondulantes nuvens; as belas estrelas, as pérolas e os diamantes de sua coroa; a Lua, seu diadema, e as densas trevas teciam a sua vestimenta.

Assim disse o Senhor Buda:

"Os livros ensinam que as trevas eram o princípio e que Brama meditava solitário naquela noite.

"Não busquem ali Brama nem o Princípio. Olhos mortais não podem vê-lo, nem a mente humana é capaz de o conhecer. Erguerá um véu após outro, mas sempre encontrará outro véu atrás.

"Os astros rodam e não perguntam. Basta que a vida e a morte, a alegria e a dor subsistam, assim como a causa e o efeito, o transcurso do tempo e o incessante fluxo e refluxo da existência que é sempre mutável e desliza como um rio, cujas ondas lentas ou rápidas se sucedem umas às outras desde sua longínqua fonte até o mar onde deságuam.

"O sol evapora o mar e restitui ondas perdidas em forma de aveludadas nuvens, que gotejarão montanhas abaixo, para refluir de novo, sem paz nem trégua.

"Isso basta para se saber quão ilusórios são os céus, as terras, os mundos e as mudanças que o alteram em potentes rodas de lutas e violências, cujo giro turbilhonante ninguém pode deter nem inverter. Não supliquem, porque as trevas não iluminarão. Nada peçam ao silêncio, porque ele está mudo. Nada esperem dos deuses implacáveis, oferecendo-lhes hinos e dádivas. Não pretendam suborná-los com sacrifícios de sangue. Devemos buscar a libertação em nós mesmos. Cada qual cria o seu próprio cárcere. Cada qual tem tanto poder quanto os mais potentes. Porque tanto para as potestades que estão em cima, ao redor e embaixo de nós, como para toda a carne e toda a vida, a ação engendra o prazer e a dor. Do que foi provém aquilo que é e o que será, melhor ou pior. Vocês podem elevar o seu destino à maior altura do que o de Indra ou rebaixá-lo mais do que o da larva; o que sobe pode cair; o que cai pode subir. Os raios da roda não param de girar. Ó vocês que sofrem! Saibam que sofrem porque querem. Ninguém os excita à vida nem nela os retém condenados à morte, girando sobre a roda e abraçando seus raios de agonia, seu aro de lágrimas, seu cubo de rija madeira.

"Mais fundo que o inferno, mais alto que o céu, além das mais longínquas estrelas, mais além da morada de Brama, há um Poder estável e divino, existente antes do princípio e que não terá fim, eterno como o tempo, seguro como a certeza, que impele para o bem e é súdito de suas próprias leis. A um toque seu, florescem os rosais e sua mão modela as pétalas de lótus, e no obscuro solo e nas silenciosas sementes, tece o enfeite da primavera. Seu pincel colore as luzentes nuvens, e no pescoço do pavão real engasta suas esmeraldas. As estrelas são o seu porto, e o relâmpago, o vento e a chuva seus escravos. Constrói nas trevas o coração do homem, e na obscuridade do ovo o faisão de colo multicor; sempre ativo, transmuta a ira e o ódio em amor.

"Seus tesouros são os cinzentos ovos no ninho do colibri dourado; as suas hexágonas favas de abelha são suas redomas de mel; a formiga obedece aos seus mandatos e a pomba branca o conhece bem. Solta as asas da águia toda vez que com pressa volta ao seu ninho; conduz a loba para junto aos seus lobinhos; e encontra sustento e amigos para os seres abandonados.

"Nada o repugna, nada o detém. Tudo ama. Enche os seios maternais de doce leite, bem como de veneno mortífero os dentes da serpente.

"Concerta no interminável dossel do firmamento a harmoniosa música das esferas móveis; nos seios abismais da Terra esconde o ouro, o ônix, a safira e as lazulitas.

"Envolto perpetuamente no mistério, oculta-se na espessura dos bosques e alimenta ao pé dos cedros admiráveis rebentos com novas fibras, ervas e flores.

"Mata e salva sem outro motivo que o cumprimento do destino. O Amor e a Vida são os fios, e a Morte e a Dor as lançadeiras do seu tear. Faz, desfaz e emenda tudo. Com o que faz, supera o que fez.

"Cada vida do homem é o resultado de suas vidas precedentes. Os erros passados engendram tristeza e sofrimento. A retidão passada traz felicidade. Eles colhem o que semeiam. Olhem para seus campos. O sésamo foi sésamo, e o trigo, trigo. O silêncio e a sombra o sabem. Assim nasce o destino do homem. Vem a vida e colhe o que semeou: sésamo ou trigo, ou ervas venenosas e daninhas que corrompem tanto a ele mesmo quanto a terra doentia. Porém, se a terra for bem lavrada e as ervas más extirpadas, sendo semeada em lugar delas as sãs e puras, o solo será formoso e fértil e a colheita será ótima.

"Se aprende a causa da dor e pacientemente suporta, esforçando-se por pagar as dívidas contraídas por suas culpas passadas, sempre fiel ao Amor e à Verdade; se limpa seu sangue da mentira e concupiscência, e sem prejuízo de outrem sofre tudo mansamente, perdoando as ofensas, pagando o mal com o bem; se dia a dia é compassivo santo, justo, amável e sincero, e extirpa o desejo de onde quer que penetre com raízes até extinguir o apego à vida; se agir assim, terminará a conta de sua de vida liquidando e saldando seus débitos, e acrescentando e vivificando os créditos recentes ou longínquos, que também produzirão crédito frutífero.

"Quem age assim não precisa do que vocês chamam vida. Realizou o propósito que o fez homem.

"Já não o torturará a ansiedade nem o mancharão os pecados, nem os prazeres e dores humanas turvarão a sua perpétua paz, nem voltarão a eles mortes e renascimentos. Entra no nirvana. Uniu-se com a Vida e, no entanto, não vive. É feliz porque deixou de existir, porém não deixou de ser".

E o Senhor Buda retirou-se para o bosque próximo da cidade.

CAPÍTULO TRÊS

O Rei Prasenajit Visita Buda

O rei Prasenajit, tendo conhecimento da chegada do Senhor Buda, saiu com grande pompa e foi ao bosque de Jevatana, onde ele estava, e de mãos juntas saudou-o, dizendo-lhe:

"Feliz o meu humilde e indigno reino por ter obtido tão grande favor, pois que perigos, que calamidades poderão ameaçá-lo na presença do Senhor do Mundo, do Rei da Lei, do Rei da Verdade?

"Agora que contemplo seu semblante sagrado, poderei encher o meu vaso com as saudáveis águas de seus ensinamentos.

"Os bens terrenos são transitórios e perecíveis. Os bens da verdadeira religião são permanentes e eternos. O homem mundano, mesmo que use coroa e empunhe cetro, está inquieto, enquanto o santo, embora seja vulgar, goza de paz de espírito".

O Senhor Buda sabia que o rei Prasenajit era escravo da avareza e amava os prazeres; então, aproveitando a ocasião, disse:

"Aquele que por seu mau karma nasce em condição vulgar, respeita o homem virtuoso. Com maior razão deve respeitar um Buda aquele que por merecimentos contraídos em existências anteriores, nascem em leito régio. Escute atentamente, ó rei, minhas palavras e considere bem o que vou lhe dizer:

"Nossas boas ou más ações nos seguem constantemente, como a nossa sombra. O mais importante é um coração compassivo.

"Considere o seu povo como se fosse o seu único filho. Não o oprima nem destrua. Sujeite à sua vontade todos os membros do seu corpo. Fuja das doutrinas perversas e siga o caminho reto. Não se ufane rebaixando-se aos demais. Dê alívio e socorro aos que sofrem.

"Não dê valor excessivo à dignidade real nem preste ouvido às palavras lisonjeadoras dos aduladores.

"De nada serve mortificar-se com austeridades. Mais vale meditar sobre a lei da Verdade.

"Estamos encerrados dentro do muro do nascimento, da enfermidade, da velhice e da morte; e só pela meditação e prática da verdadeira Lei poderemos sair de nosso encerramento. Que proveito colhe a iniquidade?

"Todos os sábios fugiram dos prazeres sensuais. Detestaram a luxúria e ocuparam-se em enaltecer a sua vida espiritual.

"Como será possível às aves se refugiarem nos ramos de uma árvore em chamas? A verdade é incompatível com a paixão. Quem não sabe disso é ignorante, embora o chamem de sábio.

"Quem conhece essa ciência está no alvorecer da verdadeira sabedoria, e na aquisição dessa sabedoria prevalecerá o propósito da vida. Quem não a obtém, fracassa.

"Esta verdade não se destina ao peculiar conhecimento do asceta e do brâmane, porém a todo ser humano, sem exceção nem diferença de castas.

"Não se faz distinção entre o monge professo e o pai de família em seu lar. Há monges que caem na perdição e humildes pais de família que ascendem à categoria de rishi.

"A luxúria estende suas redes por toda parte do mundo e a todos ameaça com o mesmo perigo. Quem cai em suas malhas só se salva pela reflexão e conquista da sabedoria.

"Desde que é impossível evitar as consequências de nossas ações, procedamos sempre em obediência à lei.

"Vigiemos nossos pensamentos, porque do pensamento provém a ação, e segundo semearmos assim colheremos.

"Há muitos caminhos que conduzem das trevas para a luz, e outros há que levam da luz para as trevas.

"Também há caminhos que da obscuridade conduzem à escuridão, e outros há que da aurora nos levam à luz meridiana.

"Mostre-se superior pelo exercício da razão e da virtude. Medite profundamente na instabilidade das coisas humanas e na inconstância da vida terrena.

"Realce o seu espírito com fé sincera e vontade firme. Não quebre as regras da boa conduta nem estabeleça a felicidade em coisas externas, mas na sua individualidade interior. Assim, as futuras gerações bendirão o seu nome, e não lhe faltará a proteção do Tathágata".

O rei ouviu de maneira respeitosa as palavras do Buda e gravou-as no seu coração.

CAPÍTULO QUATRO

Devadata

Quando Devadata, filho de Suprabuda e irmão de Yasodhara, entrou no discipulado, ele se acreditou capaz de alcançar as mesmas distinções e honras de Gautama Sidarta.

Mas como fracassasse o seu intento, encheu-se de inveja e começou a fazer críticas aos ensinamentos do Senhor Buda, dizendo que eram brandos demais. Devadata foi a Radjagriha e encheu os ouvidos de Ajatasatru, filho do rei Bimbisara.

Então Ajatasatru edificou um vihara* para Devadata e este fundou uma seita cujos seguidores deviam observar regras severíssimas, com mortificações do corpo.

O Senhor Buda foi depois a Radjagriha e parou no vihara de Devatada, que lhe pediu que aprovasse as ri-

* *Vihara*: Templo. (N. da T.)

gorosas regras de sua seita, cuja observância trazia maior grau de santidade.

Disse-lhe Devadata:

"O corpo se compõe de 32 partes e não tem nenhum atributo divino. É concebido no pecado e nasce destinado à corrupção e sujeito à ilusão e dores passageiras. É o instrumento do karma proveniente de nossas existências anteriores, e nele se apresentam o pecado, a enfermidade e a morte. Essa é a condição do corpo. Assim, pois, devemos tratá-lo como uma simples casca e cobri-lo com farrapos".

O Bem-aventurado respondeu-lhe:

"Certamente está o corpo cheio de impurezas e seu destino é transformar-se em simples esqueleto; porém, como é o instrumento do karma, temos que fazer dele um vaso de verdades e não de pecados. É mau entregar-se aos prazeres do corpo; porém, não é bom negar-lhe a satisfação de suas necessidades e aumentar suas impurezas. Uma lâmpada suja e com pouco óleo se apagará, e um corpo maltratado e consumido pela austeridade e pelas mortificações não será um receptáculo adequado para a luz da verdade. Suas regras não guiarão os seus discípulos pelo caminho do meio que eu tracei. Certamente não é justo proibir a observância de regras rigorosas para aqueles que desejem segui-las; porém, elas não devem ser impostas a ninguém, porque são inúteis".

Desse modo, o Senhor Buda repeliu o pedido de Devadata, que, aborrecido, continuou criticando as regras do Buda, porque as achava suaves demais e sem nenhum mérito para a salvação. Quando o Bem-aventurado soube das murmurações de Devadata, disse:

"Nada existe que os homens não censurem. Censuram os que em silêncio permanecem sentados. Censuram os que falam. Censuram os que também pregam o caminho do meio".

CAPÍTULO CINCO

As Quatro Nobres Verdades

O Senhor Buda disse aos seus discípulos:

"É preciso, ó discípulos, compreender as quatro nobres verdades e agir de acordo com elas, pois tanto vocês como eu temos gasto muito tempo à procura da felicidade pelo penoso caminho das reencarnações.

"A alma evolui sucessivamente por meio de todas as formas materiais, do mineral ao vegetal, do vegetal ao animal, do animal ao homem, até alcançar perfeição no estado de Buda.

"Todas as criaturas são o que são devido ao karma criado em suas existências anteriores, e serão o que foram, segundo suas obras na vida presente.

"A natureza racional do homem é a chispa de inteligência, a mente, que uma vez adquirida não se perderá nunca mais.

"Mas necessita passar por vidas sucessivas para chegar à etapa superior de existência, onde recebe a inextinguível luz da verdade.

"Eu cheguei a esta etapa superior de existência, encontrei a Verdade e indico a vocês o caminho da bem-aventurança final.

"Mostro a vocês o caminho do lago de ambrosia que apaga o pecado.

"Dou a vocês a refrigerante bebida da compreensão da Verdade que liberta do sofrimento, das paixões e do pecado.

"Até mesmo os deuses anelam a felicidade daqueles que, purificados de toda mácula e livre de todas as ilusões, abandonam os incentivos das paixões e entram no nirvana.

"Quem segue o caminho reto, mesmo que viva no mundo não vive segundo o mundo nem mancha o seu coração de desejos mundanos.

"Como uma mãe protege o seu filho único e por ele arrisca a própria vida, do mesmo modo aquele que segue o reto caminho fomenta e estimula a boa vontade entre os homens.

"Nesta disposição de ânimo deve estar o homem, acordado ou dormindo, são ou enfermo, em todas as circunstâncias da vida, pois não há no mundo nada que a supere.

"Aquele que não compreendeu as quatro nobres verdades, tem que seguir um longo caminho de repetidos nascimentos através dos desertos da ignorância, das ilusões e do pecado. Porém, quem aprende, compreende e pratica as quatro nobres verdades esgota o mau karma das existências anteriores, elimina o egoísmo e entra no nirvana.

"Esse é o fim da evolução. Essa é a libertação final. Essa é a eterna bem-aventurança".

CAPÍTULO SEIS

Contra os Milagres

Vivia em Radjagriha um pai de família chamado Jiotichka, filho de Subhadra.

Ele recebeu de presente uma magnífica tigela de sândalo, guarnecida de pedras preciosas, e colocou-a na ponta de uma vara erguida na porta de sua casa, com os seguintes dizeres:

Se um monge alcançar esta tigela por seu mágico poder, sem escada nem pau, ser-lhe-á dado tudo o que desejar.

As pessoas se aproximaram então do Senhor Buda e disseram-lhe admiradas:

"Grande é o Tathágata. Seus discípulos fazem milagres. Kasyapa, o discípulo de Buda, viu a tigela na ponta da vara de Jiotichka e, juntando as mãos, fez com que ela descesse até elas e levou-a ao vihara.

Então, o Senhor Buda quebrou a tigela e disse a Kasyapa e aos outros discípulos que no futuro se abstivessem de fazer milagres.

Algum tempo depois, na estação das chuvas, muitos discípulos se estabeleceram na comarca de Vriji, desolada pela fome. Um dos discípulos propôs aos seus irmãos que se elogiassem mutuamente perante as pessoas dizendo: "Este monge é um santo; teve visões celestes. Possui faculdades sobrenaturais e consegue fazer milagres". E os aldeões diriam: "Certamente é uma felicidade que estes santos varões venham entre nós na estação da chuva". E, assim, eles lhes dariam esmolas de boa vontade e não sofreriam fome.

Quando o Senhor Buda soube disso, mandou que Ananda reunisse todos os discípulos, e disse-lhes:

"Digam-me, ó discípulos, quando é que um discípulo deixa de o ser?"

Sariputra respondeu-lhe:

"O bom discípulo não deve quebrar o voto de castidade; se o quebra, não é discípulo de Sakyamuni.

"O bom discípulo não deve tirar a vida de nenhum ser inofensivo, nem sequer a de um verme ou formiga.

"As duas maiores máximas são as que declaro agora:

"Um bom discípulo não deve vangloriar-se de virtude nem de nenhuma qualidade sobre-humana. O discípulo que, por egoísmo ou proveito pessoal, se envaidece de possuir faculdades extraordinárias, de ter visões celestes ou de agir por meio de milagres, não é discípulo de Sakyamuni. Assim, ó discípulos, vocês não devem recorrer a feitiços ou a orações, porque são inúteis, já que tudo é regido pela lei do karma. Quem tenta fazer milagres não compreendeu a doutrina do Tathágata".

CAPÍTULO SETE

Instruções para os Noviços

Os noviços se aproximaram de Buda e perguntaram-lhe a quais preceitos deviam obedecer.

Assim disse o Bem-aventurado:

"Aqueles que desejam entrar no caminho para ser discípulos fiéis de Buda devem observar quatro preceitos fundamentais: 1) Procurar boas companhias; 2) Entender a Lei; 3) Fortalecer a mente por meio da reflexão; 4) Praticar a virtude. Essas são, ó noviços, as quatro primeiras etapas do caminho. No entanto, quanto à norma de conduta dou os dez mandamentos, que são: 1) Não matar; 2) Não roubar; 3) Não falar mal dos outros; 4) Não mentir; 5) Não comer fora das horas pré-fixadas e abster-se de bebidas alcoólicas; 6) Não comparecer a bailes e espetáculos; 7) Abster-se de perfumes, unguentos, adornos e grinaldas; 8) Não cobiçar nada de ninguém; 9) Evitar a moleza dos leitos macios e poltronas fofas; 10) Abster-se de receber esmolas em dinheiro. Prescrevo esses dez preceitos para o noviciado, ó discípulos".

CAPÍTULO OITO

Segredo e Publicidade

Assim falou o Senhor Buda.

"Três coisas, discípulos, se mantêm secretas: os negócios do amor, a sabedoria sacerdotal e os extravios do caminho da Verdade.

"As mulheres enamoradas, ó discípulos, buscam a solidão e fogem das pessoas; os sacerdotes que anelam revelações especiais buscam a solidão e fogem das pessoas; todos os que se afastam do reto caminho, ó discípulos, evitam a publicidade.

"Três coisas, ó discípulos, brilham ante o mundo e não se ocultam: a Lua, que ilumina o mundo e não se esconde; o Sol, que ilumina o mundo e não se esconde; a Verdade, proclamada pelo Tathágata, ilumina o mundo e nunca se oculta. Essas três coisas iluminam o mundo e nunca se ocultam, ó discípulos. Não há segredo para elas".

CAPÍTULO NOVE

A Regra da Ordem

Disse o Senhor Buda:

"Qual é o homem de bem? O religioso é o homem de bem. E quem é o religioso? É aquele que segue o caminho da Verdade.

"Qual é o homem forte? O homem pacífico é forte, porque venceu a personalidade e seus incitamentos. Está tranquilo e sem mancha.

"Quem é sábio? É aquele que conseguiu conhecer a sua natureza interior. É aquele que se mantém limpo de toda mancha e vive retamente".

E o Senhor Buda reuniu os discípulos e lhes deu estas regras de conduta: "Não destruam nenhuma forma de vida. Não tomem o que não lhes foi dado. Não mintam. Não se embriaguem. Não cometam adultério. Dou a vocês esses cinco mandamentos".

Para os professos acrescentou outros três: "Não comam à noite. Não usem enfeites nem perfumes. Não durmam em leito macio, mas num enxergão estendido no chão.

"E quem for piedoso, observará o Upavasatha, e se sentirá feliz por prover de alimentos a Ordem".

CAPÍTULO DEZ

A Extinção do Sofrimento

Assim falou o Senhor Buda:

"Que é o pecado? Matar é pecado, roubar é pecado; a luxúria é pecado; a inveja é pecado; o ódio é pecado; seguir falsa doutrina é pecado. Todas essas coisas, meus amigos, são pecados.

"E qual é a raiz do pecado? O desejo é a raiz do pecado; a paixão e a ilusão são raízes do pecado. Essas coisas são raízes do pecado.

"Então, o que é bom? Não furtar é bom; a castidade é boa; não mentir é bom; não caluniar é bom; abster-se de murmurar é bom; não invejar é bom; não odiar é bom; e bom é obedecer à Verdade. Todas essas coisas são boas.

"E qual é, meus amigos, a raiz do bem? A liberação do desejo, da paixão, da ilusão é a raiz do bem. O que é, meus irmãos, o sofrimento? Qual é a sua origem? Como se extingue?

"Nascer é sofrer; envelhecer é sofrer; adoecer é sofrer; a dor e a miséria são sofrimentos; a aflição e o desespero são sofrimentos; o apego aos vis prazeres é sofrimento; a perda do amado e não alcançar o desejado. Todas essas coisas ocasionam sofrimento. Todas elas dão origem ao sofrimento. Todas elas, ó irmãos, são dores.

"E qual é, ó irmãos, o caminho que conduz à extinção da dor? O caminho óctuplo nos conduz à extinção da dor.

"Quando o homem conhece a dor, a origem da dor, e sabe como extinguir a dor, abandona suas paixões, desvanece o conceito da personalidade, dissipa a ignorância e alcança a suprema iluminação que extingue a dor".

CAPÍTULO ONZE

Os Dez Pecados e os Dez Mandamentos

Assim falou o Senhor Buda:

"Dez coisas tornam más as ações dos homens. Três são pecados do corpo, quatro os da língua e três os da alma.

"Os três pecados do corpo são: o homicídio, o roubo e o adultério. Os quatro da língua são: a mentira, a calúnia, a injúria, as palavras ociosas. Os três pecados da alma são: a avareza, o ódio e o erro.

Por isso, dou a vocês os seguintes mandamentos:

1º – Não matem. Respeitem todo ser vivente.
2º – Não roubem, não furtem. Deixem que cada qual desfrute do resultado do seu trabalho.
3º – Evitem toda impureza e sejam castos, em tudo.

4º – Não mintam. Digam discretamente a verdade, com suavidade e prudência, de maneira a não ofender.

5º – Não murmurem nem sejam eco da maledicência.

6º – Não jurem nem blasfemem. Falem com decência e dignidade.

7º – Não percam tempo em conversações ociosas. Falem coisas proveitosas ou estejam calados.

8º – Não tenham inveja nem cobiça. Alegrem-se com a felicidade alheia.

9º – Purifiquem o próprio coração de toda malícia. Não tenham ira nem rancor, nem ódio mesmo contra os que os caluniem e os queiram mal. Sejam todo bondade e benevolência para com os seres vivos.

10º – Libertem a mente da escravidão da ignorância, e aprendam a Verdade para que não caiam no ceticismo e no erro.

CAPÍTULO DOZE

A Missão do Pregador

Assim disse o Senhor Buda:

"Como tenho que morrer e não mais poderei edificar o espírito de vocês com sermões e práticas, escolherei dentre vocês os mais idôneos para me sucederem na pregação.

"Os escolhidos usarão as vestes do Tathágatha em sua morada e ocuparão a sua cátedra.

"As vestes do Tathágatha são a sublime compaixão e a inesgotável paciência; sua morada é a caridade e o amor a todos os seres; e sua cátedra é a compreensão e prática da Lei.

"O pregador tem que expor impavidamente a Verdade. Deve ter o espírito de persuasão, alimentado pela prática da virtude e da fidelidade aos seus votos. O pregador deve manter-se firme em sua missão sem vacilar em cumpri-las.

"Não deve cair na vaidade de buscar a companhia dos magnatas, nem tampouco há de unir-se aos frívolos e imorais. Se for assaltado pela tentação, deve pensar no Buda com fé que, então, vencerá.

"O pregador deve acolher com benevolência a todos os que ouvem a sua doutrina, e seus sermões devem estar isentos de toda malícia. Não murmurará dos demais pregadores, e quando tiver que repreender em público, fustigará o pecado, mas sem indicar o pecador. "Ocupará a cátedra vestido de uma túnica simples e roupas interiores convenientes, em paz com todo o mundo e sem máculas em sua disposição.

"Não se distrairá em controvérsias, nem as suscitará com o propósito de mostrar a sua superioridade e o seu talento. Pelo contrário, deve permanecer calmo e tranquilo.

"Não alimentará nenhum sentimento hostil. Seu principal objetivo deve ser o de ajudar que todo indivíduo siga com pés firmes o reto caminho da iluminação.

"Se o pregador se aplicar com zelo à sua tarefa, o Tathágata lhe mostrará o transcendente esplendor da lei e as pessoas o honrarão por ter recebido a bênção do Tathágata, porque o Tathágata bendiz o pregador e os que escutam com respeito a sua doutrina.

"Todos os que compreendem e aceitam a Verdade, aperfeiçoam a sua mente, pois tal é o alcance do poder da doutrina, que uma só frase da Boa Lei é capaz de converter quem a leia, escreva ou recite, pondo-o no caminho da iluminação.

"Os escravos de paixões impuras se emanciparão ao ouvir a voz do pregador. Os ignorantes adquirirão sabedoria ao meditarem na profundidade da doutrina. Os que agem impulsionados pelo ódio, o converterão em amor e se refugiarão no Buda.

"O pregador deve ser enérgico, confiante na bondade de sua missão, sem jamais duvidar do êxito final.

"Deve assemelhar-se ao camponês que, na falta de água para regar, cava a terra árida, e embora encontre areia, não desanima, porém vai mais fundo até encontrar a água fresca de que necessita.

"Mesmo quando as pessoas se mostrem surdas à voz do pregador, ele sabe que deve ir mais fundo no coração delas.

"Em suas mãos, ó pregadores, deixo a doutrina da Boa Lei. Guardem-na, leiam-na, releiam-na, meditem nela e preguem-na por todo o mundo, a todas as pessoas.

"O Tathágata não é avaro nem mesquinhamente vaidoso, e deseja que participem da perfeita ciência do Buda todos os que estiverem dispostos a recebê-la. Sejam como ele. Imitem-no. Sigam o seu exemplo, difundindo generosamente a verdade.

"Reúnam ao redor de vocês todos os que quiserem escutar as doces e consoladoras palavras da Lei. Estimulem os incrédulos a receberem a Verdade e encham de alegria o coração deles".

Quando o Senhor Buda terminou a sua prática, os discípulos exclamaram a uma voz, cheios de entusiasmo espiritual:

"O senhor, que se deleita na bondade que flui da compaixão, é como uma imensa nuvem de qualidades benéficas e excelentes; quando o senhor derrama a chuva da Lei, apaga o fogo que abrasa os homens.

"Nós, senhor, faremos o que ordenar o Tathágata. Obedeceremos às suas palavras. Este novo voto de obediência repercutirá por todo o universo, e ressoará repetidamente nos ouvidos dos futuros instrutores que vierem a pregar a Boa Lei".

E o Bem-aventurado disse:

"O Tathágata assemelha-se a um rei poderoso que governa o seu reino com justiça, porém precisa repelir o ataque dos seus inimigos. Quando o rei vê *seus soldados* lutarem, alegra-se com o valor deles. Vocês são *os soldados* do Tathágata, e o perverso Mara*, o inimigo que se tem de vencer. E aos seus soldados o Tathágata dará como prêmio a cidade do nirvana, a grande capital da Boa Lei. E o Dharmaraja, o potente rei da justiça, conferirá a seus fiéis o diadema da suprema sabedoria e da eterna felicidade".

Cada um no próprio coração, os discípulos fizeram voto de observar fielmente os ensinamentos do Mestre. Os Brâmanes começaram a olhar com receio para aquele homem cuja conduta se harmonizava tão perfeitamente com sua doutrina e ameaçava derrubar o domínio que eles exerciam na consciência do vulgo com seus ritos, cerimônias e sacrifícios em honra aos deuses sempre sedentos do sangue de suas vítimas.

* *Mara*, termo pali; *destrutor*. É a personificação do eterno *Tentador* (análogo ao Satanás bíblico). (N. da T.)

PREGAÇÃO DE BUDA

CAPÍTULO UM

O Dharmapada

O Dharmapada é o caminho religioso que os discípulos do Senhor Buda seguem. O que somos hoje e o que seremos amanhã depende dos nossos pensamentos. Se procedemos mal, sofremos as consequências; se procedemos bem, nós mesmos nos purificamos.

Nem o puro nem o impuro podem purificar o seu próximo. Cada qual deve purificar-se por si mesmo. Os Tathágatas não são nada mais do que pregadores. O homem reflexivo entra no caminho e se emancipa da escravidão de Mara.

Quem para quando é preciso andar e entrega-se à preguiça, ou cujos pensamentos são débeis, não encontrará o caminho da iluminação.

Aquele que se observa cuidadosamente encontrará a Verdade.

Certamente o domínio de si mesmo é difícil; porém, quem se domina saberá dominar os demais.

Quem vence a si mesmo é um vencedor mais glorioso do que aquele que sozinho vence mil vezes mil homens no campo de batalha.

Os enfatuados dizem: "Eu fiz isto. Os outros devem se submeter a mim. Neste negócio, hei de desempenhar o papel mais importante".

Os enfatuados não pensam no cumprimento do dever. Pensam unicamente em si mesmos. Querem que tudo sirva de pedestal à vaidade deles.

As más ações que nos prejudicam são fáceis de executar. Difíceis são as boas que nos favorecem.

Faça o homem com entusiasmo o que lhe cumpre fazer. Muito logo o seu corpo jazerá na terra como um simples tronco. Mas com ele não perecerão as consequências de seus pensamentos. Os bons engendrarão boas ações e os maus engendrarão ações más.

A diligência é vida; a preguiça é morte. O diligente está sempre vivo. O preguiçoso, mesmo que viva, está morto.

Os que imaginam que o erro é a Verdade e que a verdade é o erro não alcançarão o conhecimento da Verdade, porque estão andando num caminho equivocado.

Os que discernem a Verdade do erro e reconhecem a Verdade, alcançarão a meta da libertação. Assim como a chuva penetra na casa mal coberta, do mesmo modo a paixão invade aquele que não tem a razão coberta pelo discernimento.

E assim como a água da chuva não invade a casa bem fechada, a paixão não invade aquele que está resguardado pela reflexão. Os regadores levam a água para onde desejam. Os arqueiros disparam a flecha à sua vontade. Os carpinteiros esquadram um pedaço de madeira. Porém, o sábio se modela a si mesmo. Fica indiferente ante o elogio e o insulto, e quando ouve e compreende a lei, mantém-se sereno como um lago de água profunda e tranquila.

Quem pensa, fala e age com maldosa intenção, a dor o segue como a roda ao boi que puxa o carro.

Não procedam mal, pois nesse caso receberão um doloroso sofrimento. Mais vale agir bem, porque ninguém se arrepende de uma boa ação.

Quem peca não se alegra com a recordação do pecado, porque a alegria então sentida se transforma em dor. Quem age bem, regozija-se na sua obra, porque a felicidade é o fruto do bem.

Que ninguém se suponha incapaz de proceder mal, dizendo: "Jamais me atingirá". Assim como a água pouco a pouco enche o vaso, do mesmo modo o imprudente se deixará invadir lentamente pelo mal.

Que ninguém trate levianamente o bem, dizendo: "Nunca o atingirei". Pois assim como a água pouco a pouco enche o vaso, do mesmo modo o sábio aos poucos se encherá da bondade.

Como um simples vento arranca uma raizinha, assim Mara vencerá o preguiçoso e o débil que só vive para o prazer, sem refrear seus sentidos.

Mas, assim como a montanha de granito resiste à violência de um ciclone, também resistirá às tentações de Mara aquele que refreia os sentidos e desdenha os prazeres.

O louco que reconhece a sua loucura tem algo de prudente; porém, o louco que se presume sábio está realmente louco.

O pecado é como uma flor bela e perfumada: é agradável à vista e ao olfato, porém produz um fruto por demais repugnante e amargo.

A virtude é como a flor cercada de espinhos, sem matizes nem aroma, porém cujo fruto é deleitoso aos sentidos do espírito.

Muito mal pode causar o ódio ao ódio e um inimigo a outro inimigo; porém, maior mal pode causar a si mesmo o homem mal dirigido. Muito bem pode fazer um homem bem dirigido.

A hera pode sufocar a árvore que a sustém. Assim também o perverso se degrada até o ponto em que o seu inimigo o desejava ver. O insensato que se afeiçoa aos prazeres a si mesmo se prejudica como se fosse o seu maior inimigo.

Os ciclones arrasam os campos. A vaidade, o ódio, a avareza e a luxúria são as más ervas no campo da humanidade.

A afeição ao prazer produz desgosto; o temor do sofrimento engendra o medo. Quem não se afeiçoa ao prazer nem teme a dor não conhece o desgosto nem o medo. Quem cede à vaidade e se apega ansiosamente ao prazer, invejará mais tarde aquele que adquiriu a virtude por meio da meditação.

Cada qual vê as faltas e os vícios do seu próximo, porém não repara nos seus. Assemelha-se ao trapaceiro jogador de dados.

Quem bisbilhoteia os defeitos alheios e deles se escandaliza aviva o fogo de suas próprias paixões.

O homem prudente lamenta-se de seus defeitos e não repara nos defeitos alheios. Ao contrário, observa sempre o aspecto harmonioso do seu próximo.

O virtuoso brilha de longe como a manhã nevada. O perverso é invisível como a flecha disparada à noite.

Quem busca e consegue o prazer à custa de terceiros ficará escravo das cadeias do egoísmo e não se livrará do ódio.

Vença o ódio com o amor, a avareza com a liberalidade, o erro com a verdade, o mal com o bem.

Não se extingue o ódio com o ódio; só o amor pode desvanecê-lo. Digam sempre a verdade, não cedam à ira e deem se lhes pedirem. Desse modo vocês alcançarão a divindade.

Limpe o prudente as impurezas da sua personalidade como o joalheiro limpa as impurezas da prata, uma após outra, devagar e com cuidado.

Não tratem ninguém com violência, e sim, com justiça e segundo a lei.

Todos amarão ao virtuoso, inteligente, verdadeiro, justo e cumpridor de seu dever.

Assim como a abelha sorve o néctar sem alterar os matizes e nem o perfume da flor, assim vive o sábio entre as pessoas do mundo. Se o viandante não encontrar em seu caminho quem lhe seja igual ou superior, siga sozinho, e não em companhia de algum insensato.

Longa é a noite de insônia. Uma légua é ainda mais longa para quem está cansado. Também é longa e penosa a vida para o insensato que desconhece a verdadeira religião.

Um único dia da vida para quem conhece e pratica a verdadeira religião vale mais do que cem anos vividos sem conhecê-la.

Alguns forjam um dharma arbitrário, maquinam especulações complexas e supõem que só suas teorias podem dar resultados proveitosos. No entanto, a Verdade é uma só, pois no universo não existem verdades diferentes.

Se refletirmos no valor de várias teorias, aceitaremos a que nos livra do pecado; porém, seremos capazes de praticá-la? Eis aqui a dificuldade.

O melhor caminho é o óctuplo. Não há outro que conduza à purificação da mente. Tudo o mais são ilusões enganosas de Mara, o tentador.

Quem segue o caminho óctuplo extingue o sofrimento. O Tathágata disse: "Preguei a entrada no caminho quando compreendi que a espinha cravada na carne era indispensável".

Não por disciplina nem por votos, e sim por profundo conhecimento, mereci a felicidade da libertação que o homem mundano não pode conhecer. Não descansem, ó discípulos, até que a sede do desejo se extinga. A extinção dos desejos passionais é a melhor religião.

O dom da religião supera os demais dons; a doçura da religião é a maior doçura; as delícias da religião superam todas as delícias; e a extinção da sede do desejo aniquila o sofrimento.

Assim como o lírio nasce fragrante entre as ruínas, do mesmo modo a disciplina do Buda brilha por sua sabedoria entre as pessoas que se atropelam cegamente.

Vivamos felizes e sem ódio entre os que nos odeiem. Vivamos sãos entre os enfermos, generosos entre os avaros, abnegados entre os cobiçosos.

Brilha o Sol durante o dia; a luz da Lua durante a noite; cintila a armadura do guerreiro; resplandece a mente do pensador em meditação; porém, o fulgor de Buda, o Santo, o Iluminado a todos supera.

CAPÍTULO DOIS

A Aniquilação

Numa ocasião, muitos cidadãos ilustres se reuniam na Casa do Povo e elogiavam o Buda, o Dharma e o Sangha.

Entre eles se encontrava Simha, general dos exércitos reais, que pertencia à seita dos Nirgranthas, que dizia consigo: "Verdadeiramente o Bhagavad deve ser o Buda, o Santo. Quero vê-lo". Simha aproximou-se de Iryataputra, o chefe da seita, e disse-lhe:

"Senhor, desejo ir ver o asceta Gautama".

Iryataputra respondeu-lhe:

"Por que você, Simha, que sabe que as ações dão seus resultados, quer ver o asceta que ensina aos seus discípulos a doutrina da inação e nega as consequências das ações?"

Por isso não teve Simha mais tanto desejo de ir ver Gautama.

Porém, como Simha ouvisse novamente enaltecerem o Buda, o Dharma e o Shanga, o seu desejo de ir ver o Bem-aventurado foi reavivado, mas também dessa vez Iryataputra o dissuadiu.

Porém, pela terceira vez Simha ouviu elogios à grandeza do Buda, do Dharma e do Sangha, e pensou:

"Certamente o asceta Gautama deve ser o santo Buda. Irei vê-lo mesmo sem o consentimento dos Nirgranthas".

Simha foi ver o Bhagavad e disse-lhe:

"Senhor, ouvi dizer que o asceta Gautama nega as consequências das ações e ensina a doutrina da inação, dizendo que as ações dos homens não recebem recompensas, porque proclama a aniquilação. Responda-me, senhor: é certo que o senhor ensina que a alma do homem morre e se aniquila? Peço-lhe que me esclareça se os que dizem tal coisa enganam-se ou levantam falso testemunho".

O Bem-aventurado respondeu-lhe.

"Em parte, ó Simha, dizem a verdade os que assim falam de mim, mas em outra erram. Ouça-me: eu ensino que não devemos pensar, falar ou agir mal. Ensino que não devemos consentir com os estados de ânimo ou com as sinistras disposições. Ensino que nossos pensamentos, palavras e ações devem ser justos e que devemos estabelecer disposições de ânimo harmônicas.

"Ensino, ó Simha, que se tem que aniquilar os maus pensamentos, palavras e ações, e quem os anula e se livra deles de sorte que jamais rebrotem, aniquila a personalidade.

"Prego o aniquilamento do egoísmo, da luxúria, do ódio e do erro, mas não prego o aniquilamento da bondade, da compaixão, do amor e da verdade.

"Digo que os maus pensamentos, palavras e ações são abomináveis, e que a virtude e a verdade merecem louvor.

"Se alguns ensinam que o nirvana é a aniquilação da alma, diga-lhes que mentem. Se alguns ensinam que o nirvana é vida separada, diga-lhes que se enganam, porque ignoram a Verdade; não veem a luz que brilha através de suas lâmpadas partidas, e não sabem que a felicidade está fora da existência do tempo e do espaço".

Simha respondeu:

"Resta ainda uma dúvida na minha mente. O senhor quer dissipá-la de modo que eu possa compreender o Dharma que ensina?"

O Senhor Buda consentiu e Simha prosseguiu:

"Ó Bhagavad, sou soldado, e por ordem do rei cumpre-me o dever de respeitar a lei e de combater por ele. Se o Tathágata prega a bondade sem limites, o amor ao inimigo e a compaixão por todos que sofrem, permitirá castigo para os criminosos? Acreditarão que não é lícita a guerra para defender nossos lares, nossas mulheres, nossos filhos e nossas terras? A doutrina da renúncia prescreve que devemos deixar o malfeitor agir a seu bel-prazer, não resistir e deixar que nos roubem o que nos pertence? Acredita o Tathágata que a guerra é ilícita quando promovida por uma causa justa?"

Ao que Buda respondeu:

"O Tathágata ensina que o culpado merece castigo, e o digno de favor deve ser favorecido. Porém também ensina que não se deve fazer sofrer nenhum ser vivente, mas ter o coração cheio de amor e compaixão. Esses dois ensinamentos não são contraditórios, porque quem recebe castigo pelos seus crimes não sofre por maldade do juiz e sim em consequência de sua culpa. Suas más ações lhe acarretaram o mal que lhe impõe o executor da lei. Quando um magistrado castiga, deve estar livre de todo ódio; e o criminoso condenado à morte deve considerar que o seu suplício é consequente do seu crime e, se ele compreende que o castigo lhe purificará a alma, alegrar-se-á da morte.

"O Tathágata ensina que é deplorável toda guerra entre os homens, porém não condena os que guerreiam por uma causa justa, depois de haver esgotado todos os meios para manter a paz. O causador da guerra merece execração.

"O Tathágata ensina a total renúncia à personalidade, porém não ensina que a pessoa se entregue às potestades sinistras. Deve haver luta entre a individualidade e a personalidade, pois a luta é a vida terrena; porém, o combatente deve abster-se de combater contra a verdade e a justiça, no interesse de sua personalidade.

"Aquele que luta pelo interesse egoísta de celebridade, grandeza, poder ou riqueza, não receberá recompensa; porém, o que combate pela justiça e a verdade, receberá o galardão, porque será vitorioso, mesmo que sofra alguma derrota transitória antes do triunfo final.

"O egoísmo não é o recipiente adequado para o êxito, porque a personalidade é frágil e pequena.

"Pelo contrário, a individualidade é capaz de conter as aspirações nobres de suas personalidades sucessivas, e quando uma personalidade se rompe como uma bolha de sabão, o seu conteúdo harmônico se identifica com a individualidade universal.

"Quem vai à guerra, ó Simha, mesmo por uma causa justa, está exposto a morrer nas mãos dos inimigos, porque esse é o destino dos guerreiros.

"Porém, o vencedor deve pensar na relatividade das coisas humanas. Brilhante pode ser sua vitória, porém a roda da fortuna pode girar e transformar a vitória em derrota.

"No entanto, alcançará eterna vitória se, extinto o ódio em seu coração, se aproximar do vencido e disser-lhe: 'Vem agora, façamos as pazes e sejamos irmãos'.

"Grande é um general vitorioso, ó Simha, porém maior é quem vence a sua personalidade.

"A lei da vitória sobre a personalidade não é pregada para aniquilar a alma dos homens, e sim para preservá-la. O que venceu a sua personalidade está mais apto para alcançar o triunfo eterno do que quem continua escravo da personalidade.

"Lute, pois, com coragem, ó Simha, e combata com esforço marcial nas batalhas; porém seja um soldado da verdade e o Tathágata o abençoará".

Simha tornou:

"Glorioso Senhor. Senhor Gloriosíssimo. O senhor me revelou a Verdade. Magna é a doutrina do Bendito. Certamente o senhor é o Buda, o bem-aventurado, o Santo. É o Instrutor da humanidade, que nos ensina o caminho da libertação. Quem o seguir, terá luz no caminho. Encontrará paz e santidade. Senhor, eu me refugio no Bhagavad, na Lei e na sua Ordem. Digne-se a aceitar-me por discípulo até o fim de meus dias, pois me refugio no senhor".

E o Bem-aventurado lhe disse:

"Considere antes, ó Simha, o que você vai fazer. Convém que as pessoas de sua categoria não façam nada sem uma reflexão madura".

A fé de Simha aumentou, e ele disse ao Bem-aventurado:

"Senhor, se outros Mestres conseguissem tornar-me discípulo deles, levariam em procissão seu estandarte pela cidade de Vaisali, gritando: 'Simha, o general dos exércitos do rei, já é nosso discípulo'. Pela segunda vez, eu digo, ó Senhor, que me refugio no Buda, no Dharma e no Sangha. Digne-se a receber-me por discípulo, a partir de hoje e até o fim de meus dias, porque me refugio no senhor".

E o Bhagavad lhe respondeu:

"Durante muito tempo os Nirgranthas receberam oferendas em sua casa. É justo que doravante você não negue sua esmola a eles".

Alegre e feliz, Simha replicou:

"Senhor, eu ouvira dizer: 'O asceta Gautama ensina que só a ele e aos seus discípulos deve ser dada esmola. Porém, o senhor me exorta a que também a dê aos Nirgranthas. Por mais esse motivo me refugio no Buda, na Lei e na Ordem".

CAPÍTULO TRÊS

Identidade e Separatividade

Kutadanta, o prior dos brâmanes de Danamati, aproximou-se respeitosamente do Bem-aventurado, saudou-o e disse-lhe:

"Asceta, fui informado de que o senhor é o Buda, o Santo, o Onipotente, o Senhor do Mundo. Porém, se isso fosse verdade, o senhor não teria vindo como um rei com toda a glória e onipotência?"

O Bem-aventurado respondeu-lhe:

"Os seus olhos estão cegos. Se não estivesse turva a sua visão, veria a glória e a onipotência da Verdade".

Kutadanta replicou-lhe:

"Mostre-me a Verdade e a verei. Mas a sua doutrina não tem consistência. Se tivesse, perduraria; porém, como não tem, desaparecerá".

O Bem-aventurado respondeu-lhe:

"A verdade é eterna. Não desaparecerá nunca".

Kutadanta objetou dizendo:

"Dizem que o senhor ensina a Boa Lei; no entanto, desdenha a religião. Os seus discípulos menosprezam os ritos e as cerimônias, e negam-se a sacrificar no altar dos deuses, dizendo que não é pelo sacrifício que se mostra a verdadeira devoção aos deuses. Mas eu entendo que no culto e no sacrifício está a essência da religião".

O Senhor Buda lhe replicou:

"O sacrifício da personalidade vale muitíssimo mais do que a imolação das reses. Quem sacrifica aos deuses seus maus desejos e vis paixões, compreende a inutilidade de banhar em sangue de animais inocentes a ara dos altares. Em troca, libertar-se da luxúria purifica o coração. Mais vale obedecer às leis da justiça do que adorar os deuses.

"Qualquer pessoa pode tirar a vida, mas é incapaz de dá-la. Todas as criaturas amam a vida e lutam por ela.

"A vida é uma dádiva maravilhosa, querida e grata para todos, mesmo para os mais humildes; por isso deve ser respeitada por todo homem piedoso, porque a piedade torna o homem terno para com os fracos e nobre para com os fortes.

"O homem implora a misericórdia dos deuses e não tem misericórdia pelos animais, para os quais ele é como um deus. Tudo quanto vive está unido por laços de parentesco, e os animais que vocês matam já lhes deram o doce tributo do seu leite, o macio de sua lã e depositam sua confiança nas mãos dos que os degolam.

"Ninguém pode purificar o seu espírito com sangue, pois se os deuses são bons, não lhes pode ser agradável o sangue, e se são maus, este não basta para suborná-los.

"Sobre a inocente cabeça de um animal não é possível colocar nem o peso de um fio de cabelo das maldades e erros pelos quais cada um deve responder pessoalmente, porque cada qual deve prestar contas de si mesmo segundo a imutável aritmética do universo. Esta distribui o bem para o bem e o mal para o mal, dando a cada um a sua medida de acordo com suas ações, palavras e pensamentos, e vigilante, exata, imutável e implacável, faz que o futuro seja o fruto do passado.

"Feliz seria a Terra se todos os seres estivessem unidos pelos laços da benevolência e só se alimentassem de alimentos puros, sem derramamento de sangue. Os grãos dourados, os frutos reluzentes e as ervas saborosas que nascem para todos bastariam para alimentar e dar fartura ao mundo".

Kutadanta era muito piedoso, e como havia sacrificado muitas vítimas, inquietou-se e sua consciência encheu-se de remorsos, pois compreendeu o quanto era insensato crer que a efusão de sangue bastaria para apagar os pecados. Então perguntou ao Bem-aventurado:

"O senhor acredita, Mestre, que a alma renasce e evolui no transcurso das vidas e que, sujeita à lei do karma, deve colher o que semeia? Pergunto-lhe porque me disseram que o senhor ensina a inexistência da alma, e que seus discípulos aspiram à total aniquilação do eu, como a suprema felicidade do nirvana. Se eu sou apenas uma combinação de elementos, devo desintegrar-me e desaparecer ao morrer. Se sou uma mera combinação de ideias, pensamentos, sensações e desejos, o que será de mim quando o meu corpo se desintegrar? Onde está essa infinita felicidade de que falam os seus discípulos? É uma palavra vã, sem sentido, uma ilusão. Quando medito nos seus ensinamentos, só vejo o nada, a aniquilação, o não ser, como destino final do homem".

"Ó brâmane, você é religioso e tem zelo. Inquieta-se pelo futuro, mas em vão se atormenta, porque lhe falta o mais necessário.

"Por erro ou por ignorância, os homens gozam na ilusão de que suas almas são entidades distintas e existentes por si mesmas. Seu coração, ó brâmane, ainda está apegado à personalidade. Você aspira ao céu, porém busca e espera no céu os prazeres da personalidade, e assim não poderá encontrar a felicidade na Verdade imortal.

"Certamente eu lhe digo: o Bem-aventurado não veio ensinar a morte, e sim pregar a vida, e você não discerne entre o morrer e o viver.

"O seu corpo morrerá, pois os sacrifícios não o salvarão. Busque então a vida do espírito. Onde está a personalidade não pode estar a Verdade, e quando se pratica e conhece a Verdade, a personalidade desaparece.

"Faça com que o seu espírito repouse na Verdade, difunda a Verdade e ponha a Verdade na sua alma. E na Verdade você viverá eternamente.

"O eu é a morte; a Verdade é a vida. O apego ao eu e à personalidade é morte contínua, ao passo que quem vive e se move na Verdade alcança o nirvana."

Kutadanta tornou:

"Venerável Mestre, onde está o nirvana?"

O Bem-aventurado disse:

"Onde quer que se obedeça à lei".

Kutadanta replicou:

"Então o nirvana não está em parte alguma e, portanto, não tem realidade".

O Bem-aventurado: "Você não me entendeu. Escute e responda. Qual é a morada do vento? Onde ele habita?"

Kutadanta: "Em parte alguma".

O Bem-aventurado: "Então o vento não existe? É uma ilusão?"

Kutadanta não soube responder, e o Senhor Buda tornou a perguntar-lhe:

"Diga-me, ó brâmane: Onde reside a sabedoria? Está em algum lugar?"

"Kutadanta: "A sabedoria não tem lugar determinado".

E o Bhagavad disse:

"Você dirá que não há sabedoria, nem justiça, nem salvação porque, como o nirvana, elas não têm lugar determinado? Assim como a brisa veloz atravessa o mundo durante o calor do dia, também o Tathágata vem refrigerar o espírito humano como o delicado e suave sopro que alivia o calor de todo sofrimento".

Kutadanta replicou:

"Parece-me que o senhor prega uma excelsa doutrina, porém não posso entendê-la. Permite-me outra pergunta? Se a alma não existe, como pode existir imortalidade? Se a atividade da alma cessa, os nossos pensamentos também cessarão".

O Senhor Buda respondeu:

"A nossa faculdade de pensar desaparece, porém os nossos pensamentos continuam existindo. Cessa o raciocínio, porém continua o conhecimento. É como se durante a noite um homem tivesse necessidade de escrever uma carta. Ele acende a luz, escreve a carta e uma vez escrita a carta, apaga a luz. Embora a luz esteja apagada, a carta continua escrita. De modo semelhante, o raciocínio cessa, mas o conhecimento persiste. A atividade mental cessa, porém a experiência, o conhecimento e o fruto de nossas boas ações não são perdidos".

Kutadanta: "Diga-me, senhor, que será da minha personalidade quando seus componentes se dissociarem? Se minhas ideias desaparecem, e meus pensamentos deixam de ser meus, e minha alma já não é minha alma, que é feito da personalidade? Dê-me um exemplo, senhor meu".

O Bem-aventurado: "Suponha que um homem acenda uma lamparina. Ela arderá a noite inteira?"

Kutadanta: "Pode ser que sim".

O Bem-aventurado: "Bem; mas a chama que arde na primeira metade da noite, arde na segunda?"

Kutadanta pensou que era a mesma, porém, receoso de um sentido oculto, respondeu:

"Não, não é a mesma".

O Bem-aventurado: "Então haverá duas chamas: uma durante a primeira metade da noite e outra durante a segunda?"

Kutadanta: "Num certo sentido não é a mesma chama, porém em outro sim, porque se constitui da mesma matéria e da mesma luz, e serve para o mesmo fim".

O Bem-aventurado: "Você dirá que a chama que ardeu ontem é a mesma que arde hoje na mesma lamparina alimentada pelo mesmo óleo e iluminando o mesmo lugar?"

Kutadanta: "Pode ter se apagado durante o dia".

O Bem-aventurado: "Suponha que a lamparina tenha estado acesa durante a primeira metade da noite e apagada durante a segunda. Se alguém tornar a acendê-la, dirá que a chama dela é a mesma?"

Kutadanta: "Num sentido é diferente, e em outro é a mesma".

O Bem-aventurado: "O tempo durante o qual a lamparina esteve apagada tem algo a ver com a chama ser ou não a mesma?"

Kutadanta: "Não, senhor. O tempo não interfere em nada, quer seja a mesma ou não".

O Bem-aventurado: "Bem, então admitimos que em certo sentido a chama de hoje é a mesma de ontem, e que em outro sentido ela muda a cada instante. Então, as chamas da mesma natureza e da mesma intensidade que iluminam lugares idênticos, são de certo modo as mesmas".

Kutadanta: "Sim, senhor".

O Bem-aventurado: "Suponhamos agora um homem que pensa como você, que sente como você, que age como você. Não será o mesmo que você?"

Kutadanta: "Não, senhor".

O Bem-aventurado: "Você nega que a lógica que lhe parece boa para uma coisa também o seja para as coisas do mundo?"

Kutadanta refletiu um instante e respondeu pausadamente:

"Não nego. A mesma lógica impera em todo o universo; porém, na minha personalidade há algo que a distingue completamente das demais personalidades.

Pode haver outro indivíduo que sinta, pense e proceda como eu, porém não será eu".

O Bem-aventurado: "Verdadeiramente, Kutadanta, esse outro homem não será você. Porém, diga-me: o estudante que vai à escola é o mesmo depois de terminados os estudos? O que cometeu um crime é a mesma pessoa quando, ao ser castigado, lhe cortam as mãos e os pés?"

Kutadanta: "São as mesmas pessoas".

O Bem-aventurado: "Estará então a identidade constituída pela continuidade?"

Kutadanta: "Não apenas pela continuidade, mas também pela identidade da natureza".

O Bem-aventurado: "Pois, se você admite que duas pessoas podem ser idênticas no mesmo sentido em que temos dito que as chamas são as mesmas, deve reconhecer que, nesse sentido, outro homem da mesma natureza, resultante do mesmo karma, é o mesmo que você".

Kutadanta: "Reconheço".

O Bem-aventurado: "Pois nesse sentido você é o mesmo hoje que ontem. A sua natureza pessoal não consiste da matéria de que está formado o seu corpo, porém da forma ou configuração do seu corpo, de suas sensações e pensamentos. A sua personalidade é uma combinação de elementos. Onde quer que eles estejam, ali você está. Assim, pois, em certo sentido, reconhece a sua personalidade, com ela se identifica e dá-lhe continuidade segundo o seu karma. Você a chamaria de morte e aniquilação, ou vida e continuação de vida?"

Kutadanta: "Eu a chamaria de vida e continuação de vida, porque é a continuação da minha existência.

Mas o que me preocupa é a continuação de minha personalidade, de modo que todo homem, seja ou não idêntico a mim, é uma personalidade absolutamente distinta".

O Bem-aventurado: "Muito bem, essa é a continuação que você deseja, e esse é o apego à personalidade. Esse é o erro que lhe acarreta inquietudes inúteis. Aquele que se apega à personalidade tem que passar por inúmeros nascimentos e mortes. Morrerá continuamente, porque a natureza da personalidade é morte incessante".

Kutadanta: "Como é isso?"

O Bem-aventurado: "Onde está a sua personalidade?"

Kutadanta não soube responder.

O Bem-aventurado: "Essa personalidade, que você tanto estima, muda incessantemente. Anos atrás, você foi menino, depois jovem e agora é um homem. Que identidade pessoal há entre o menino e o homem? Não há, como também não havia, conforme vimos, na chama da lamparina que ardeu durante a primeira metade da noite e a que ardeu ao reacender-se depois de apagada. Qual é a sua verdadeira personalidade: a de ontem, a de hoje ou a de amanhã?"

Kutadanta, perplexo, respondeu:

"Senhor do Mundo, vejo meu erro, porém ainda estou confuso".

O Senhor Buda prosseguiu dizendo:

"Os princípios constituintes da sua personalidade são o resultado das suas ações em vidas passadas, e em futuras existências você colherá o que com suas ações está semeando no presente".

Kutadanta: "Certamente, senhor, não me parece justo que outros colham o que eu semeei agora".

O Tathágata ficou um momento silencioso e depois disse:

"Será inútil todo ensinamento? Não compreende que essas outras personalidades são você mesmo? Você, e não outro, colherá o que semeou.

"Suponha um homem mal-educado, que sofre as consequências de sua infeliz condição. Em menino foi preguiçoso e, quando se fez homem, não tinha ofício nem profissão para ganhar o seu sustento. Você dirá que a miséria dele não é o resultado de sua conduta, porque a personalidade do menino não é a mesma do adulto? Em verdade lhe digo que nem nas alturas do céu nem nas entranhas da terra encontrará um lugar onde possa fugir ao resultado das suas más ações. E da mesma maneira irá receber a recompensa de Suas boas obras.

"Quem volta são e salvo de uma longa viagem, recebe em sua casa as boas-vindas de seus parentes, amigos e conhecidos. Também o resultado de suas boas ações beneficia o homem que passa desta vida para a outra, se ele seguiu o caminho da justiça".

Kutadanta: "Creio na glória e excelência das suas doutrinas. Minha vista não pode suportar o fulgor da luz; porém, agora compreendo que a personalidade é ilusória, que as orações são palavras ociosas e que os sacrifícios não servem para a salvação. Como encontrar o caminho da Verdade eterna? Aprendi de memória todos os Vedas e não encontrei a Verdade".

O Bem-aventurado: "A erudição não é uma coisa má, porém a verdadeira ciência, o conhecimento útil, só pode ser obtido pela prática.

"Reconheça a verdade de que o seu próximo é seu semelhante. Compreenda que a personalidade é morte e a verdade é imortal".

E Kutadanta exclamou:

"Oxalá eu pudesse refugiar-me no Buda, no Dharma e na Ordem. Aceite-me por discípulo e faça-me compartilhar da felicidade da imortalidade".

CAPÍTULO QUATRO

Uma Essência, uma Lei e um Fim

Um dia o Tathágata, conversando com o venerável Kasyapa com o propósito de libertar sua mente da incerteza e da dúvida, disse-lhe:

"Todos os seres e todas as coisas são constituídas de uma mesma essência, embora pareçam diferentes segundo as formas que tomam em consequência das influências que recebem. Como se formam, agem, e como agem, são. Suponha, Kasyapa, que um oleiro fabrique vasilhas diferentes com o mesmo barro. Cada uma dessas vasilhas terá o seu destino, pois uma servirá para arroz, outra para manteiga, outra para leite e algumas serão usadas para depósitos de impurezas. Não há diferença no barro empregado. A diferença está no modelo dado pelo oleiro, segundo os diversos usos requeridos pelas circunstâncias.

"Do mesmo modo, todos os seres evolucionam de acordo com uma só lei e se destinam ao mesmo fim, que é o nirvana.

"Se você compreende, ó Kasyapa, que todos os seres são da mesma essência e que não há mais que uma única Verdade, e vive de acordo com essa compreensão, alcançará o nirvana.

"O Tathágata é o mesmo para todos os seres e da mesma essência que todos eles, pois difere apenas em seu aspecto, como os demais seres diferem entre si.

"O Tathágata dá alegria ao mundo inteiro, do mesmo modo que a nuvem derrama a chuva sobre justos e pecadores. Tem a mesma compaixão pelos grandes e pelos pequenos, pelo sábio e pelo ignorante, pelo virtuoso e pelo pecador.

"A vasta nuvem carregada de água derrama a chuva sobre prados, várzeas, montanhas e vales, hortas e campos.

"E todos recebem a água da chuva, que é da mesma essência, e árvores, plantas e ervas nascem, florescem e frutificam, cada uma segundo a sua espécie e natureza.

"Arraigadas no mesmo solo, todas as plantas de um campo ou de uma horta recebem a mesma água que a todas vivifica.

"O Tathágata conhece, ó Kasyapa, a lei cuja virtude é o conhecimento e cujo fim é a paz do nirvana.

"Ele é o mesmo para todos, porém não se manifesta do mesmo modo a todos, mas a cada um segundo suas necessidades.

"Logo no começo não dá para todos a plenitude do conhecimento, porém observa a predisposição de cada um".

CAPÍTULO CINCO

As Injúrias

Observando os costumes humanos, o Senhor Buda viu que muitos males provinham da rapidez com que os vaidosos e egoístas criticavam tolamente o próximo, e disse aos seus discípulos:

"Se um tolo me ofendesse, eu lhe responderia com amor cordial e sincero. Quanto maior mal me fizesse, maior bem eu lhe faria. O perfume da bondade estará sempre comigo, e o fétido alento do mal sopraria contra ele".

Um tolo ficou sabendo que Buda pregava o mandamento do amor que prescreve restituir com o bem o mal recebido, aproximou-se dele e injuriou-o gravemente.

Tornou a injuriá-lo, e quando já não encontrava palavras para ofendê-lo, o Buda perguntou-lhe:

"Meu filho, se alguém recusa o presente que outro lhe oferece, para quem fica o presente?"

O tolo respondeu:

"Para quem o ofereceu".

O Buda continuou:

"Pois bem, meu filho: você me injuriou e eu recuso as suas injúrias. Guarde-as para você. Não serão para você fonte do mal? Assim como o eco pertence ao som e a forma pertence ao corpo, também o mal consumirá o autor do mal".

O tolo não soube o que responder, e o Senhor prosseguiu, dizendo:

"O malvado que injuria o virtuoso assemelha-se ao que cospe ao céu, que recebe no rosto o que cuspiu.

"Aquele que calunia assemelha-se a quem, com o vento contrário, tenta atirar um punhado de pó no rosto de outrem. O pó cega os olhos de quem o atirou.

"Ninguém pode ferir o virtuoso; sobre seu próprio autor recairá o mal que alguém lhe tentar fazer".

O ofensor afastou-se vagarosamente, envergonhado; porém, depois regressou arrependido e refugiou-se no Buda, no Dharma e no Sangha.

CAPÍTULO SEIS

O Deva e Buda

O Buda estava um dia no jardim de Anathapindika, na cidade de Jetavana, quando lhe apareceu um Deva em figura de brâmane e vestido de hábitos brancos como a neve, e entre ambos se estabeleceu o seguinte diálogo:

O Deva: "Qual é a espada mais cortante? Qual é o maior veneno? Qual é o fogo mais ardente? Qual é a noite mais escura?"

O Buda: "A palavra raivosa é a espada mais cortante; a inveja é o veneno mais mortal; a luxúria é o fogo mais ardente, e a ignorância é a noite mais escura".

O Deva: "Quem obtém a maior recompensa? Quem sofre a maior perda? Qual é a armadura mais impenetrável? Qual é a melhor arma?"

O Buda: "Quem dá sem desejo de receber é quem mais ganha. Quem recebe de outro sem devolver nada é o que mais perde. A paciência é a armadura mais impenetrável. A sabedoria é a maior arma".

O Deva: "Qual é o ladrão mais perigoso? Qual o tesouro mais precioso? Quem recusa o melhor que lhe é oferecido neste mundo?"

O Buda: "Um mau pensamento é o ladrão mais perigoso. A virtude é o tesouro mais precioso. Recusa o melhor que se lhe oferece quem aspira à imortalidade".

O Deva: "O que atrai? O que repugna? Qual é a dor mais terrível? Qual é a maior felicidade?"

O Buda: "O bem atrai. O mal repugna. A maior dor é a má conduta. A libertação é a maior felicidade".

O Deva: "O que ocasiona a ruína no mundo? O que destrói a amizade? Qual é a febre mais aguda? Qual é o melhor médico?"

O Buda: "A ignorância arruína o mundo. A inveja e o egoísmo destroem a amizade. O ódio é a febre mais aguda. O Buda é o melhor médico".

O Deva: "Tenho uma dúvida e peço que me responda: O que é que o fogo não queima, nem a ferrugem consome, nem o vento abate e é capaz de reconstruir o mundo inteiro?"

O Buda: "O benefício das boas ações".

Tendo o Deva ficado satisfeito com as respostas do Buda, com as mãos juntas se inclinou respeitosamente diante dele e desapareceu.

CAPÍTULO SETE

Instrução

Os discípulos se aproximaram do Senhor Buda, e depois de saudá-lo de mãos juntas, perguntaram-lhe por intermédio de Ananda:

"Ó Mestre que tudo vê! Desejamos aprender. Os nossos ouvidos estão dispostos a escutar. O senhor é o nosso incomparável Instrutor. Dissipe as nossas dúvidas, ensine-nos o sagrado Dharma. Fale entre nós, o senhor, de preclaro entendimento. O senhor, que tudo vê, tal qual o Senhor de mil olhos, o Rei dos deuses!

"Perguntamos ao Muni que atravessou a corrente e galgou a margem oposta e é bendito e forte: Como poderá um discípulo seguir o caminho reto depois de ter deixado sua casa e eliminado seus desejos?"

Assim respondeu ele:

"Vença o discípulo seus desejos e prazeres terrenos e celestes, e uma vez esgotado o desejo de vida sensória, cumprirá o Dharma e poderá conduzir-se corretamente no mundo.

"Quem eliminar seus desejos, libertar-se do orgulho e subjugar as paixões, seguirá retamente pelo mundo.

"Quem conhecer a lei e a obedecer fielmente; quem vir o caminho que conduz ao nirvana e tirar a venda dos olhos, irá de maneira certa pelo mundo".

Os discípulos disseram-lhe:

"Certamente, ó Bhagavad, assim é. Se o discípulo se desliga de todos os laços, irá retamente pelo mundo".

E o Senhor Buda prosseguiu:

"O aspirante ao nirvana deve ser consciente e justo, compassivo e benévolo, sem vangloriar-se disso.

"Que nenhum de vocês menospreze nem engane outrem, nem lhe cause mal algum.

"Ditoso é o retiro do pacífico que conhece e contempla a Verdade. Feliz é quem permanece sempre firme sob seu amparo. Feliz é quem não tem desejos nem repugnâncias. Felicidade suprema é a vitória sobre a vaidade obstinada.

"Cada um de vocês deve ligar o seu prazer ao Dharma, afirmar-se no Dharma e meditar em suas sublimes verdades.

"A ninguém aproveita e facilmente se perde um tesouro caído no fundo de um poço. O verdadeiro tesouro acumulado pela caridade, pela compaixão, pela temperança, pelo domínio próprio e pelas boas obras está num lugar seguro, onde ninguém pode roubá-lo, e ao morrer, leva-o consigo o homem para a outra vida".

Então os discípulos louvaram a sabedoria do Tathágata, dizendo-lhe:

"O senhor transcendeu a dor. O senhor é santo. Ó Iluminado, no senhor vemos o homem que já se libertou das paixões. O senhor é grande e glorioso. O senhor eliminou de nós a dor e as vacilações.

"Por isso o adoramos, ó Muni, o senhor que conquistou o máximo proveito nos caminhos da sabedoria! O senhor dissipou a nossa dúvida, o senhor que vê claramente. Em verdade, o senhor é o Muni perfeitamente iluminado para quem não há obstáculo possível.

"Todas as penas desapareceram. O senhor permanece tranquilo. É enérgico e veraz. Está firme. Nós o adoramos, ó excelso Muni! Nós adoramos ao senhor, o melhor dos homens. Nos mundos dos homens e dos deuses ninguém se lhe iguala.

"O senhor é o Santo, o Mestre, o Buda, o vencedor de Mara, que depois de haver atravessado a corrente, ajuda também a espécie humana a atravessá-la para a outra margem".

CAPÍTULO OITO

O Grão de Mostarda

Um abastado comerciante ficou profundamente aflito ao verificar, um dia, que todas as suas moedas e barras de ouro haviam se transformado em carvão, da noite para o dia; então, recolheu-se ao leito sem mais querer alimentar-se, pois preferia a morte à indigência.

Um amigo seu, informado do acontecido, foi visitá-lo, e ao ouvir dele a causa do seu sofrimento, ponderou-lhe:

"O seu ouro se transformou em carvão porque você não aplicou bem a sua riqueza. O ouro avaramente acumulado não vale mais do que o carvão. Mas ouça um conselho. Estenda os seus tapetes no bazar, ponha em cima deles o carvão e venda-o".

O mercador seguiu o conselho de seu amigo, e quando os vizinhos lhe perguntavam por que estava vendendo carvão, respondia:

"É a única coisa que possuo".

Algum tempo depois, uma jovem órfã e pobre, chamada Krisha Gotami, passou pelo bazar do mercador e lhe perguntou:

"Meu senhor, está vendendo também estes montões de ouro?"

O mercador respondeu-lhe:

"De que ouro você está falando? Onde está?"

Krisha Gotami pegou uns pedaços de carvão, que na vista do mercador se transformaram em ouro.

O mercador supôs que Krisha Gotami possuísse clarividência mental, e a casou com seu filho, pensando consigo mesmo: "Para muitas pessoas o ouro não vale mais que o carvão; mas Krisha Gotami transmuta o carvão em ouro".

Krisha Gotami teve um filho e este morreu. Esmagada pela dor, ia com o filho morto de casa em casa, pedindo um remédio, mas as pessoas diziam: "Está doida; a criança está morta".

Finalmente, Krisha Gotami encontrou um camponês que respondeu à sua súplica dizendo:

"Não posso dar um remédio para a criança, porém sei de um médico que poderá dá-lo".

E Krisha Gotami respondeu:

"Suplico que o senhor me diga quem é".

"Vá ver o Buda."

Krisha Gotami foi ver o Senhor Buda e exclamou chorando:

"Meu Senhor e Mestre, meu filho estava brincando entre as flores e tropeçou numa serpente que se enroscou no seu braço. Ficou logo pálido e silencioso.

"Não posso aceitar que ele deixe de brincar ou que deixe o meu colo.

"Meu Senhor e Mestre, dê-me um remédio que cure o meu filho".

O Senhor Buda respondeu-lhe:

"Sim, irmãzinha, há uma coisa que pode curar tanto o seu filho como a você se puder consegui-la, porque os que consultam os médicos tomam o que lhes é receitado.

"Procure um simples grão de mostarda preta; porém, só a deve receber de uma casa onde nunca tenha entrado a morte, onde não tenha ainda morrido pai, mãe, filho nem filha, nem irmão nem irmã, nem escravo nem parente".

Aflita, Krisha Gotami foi de casa em casa pedindo o grão de mostarda. As pessoas se compadeciam dela e lhe davam; porém, quando ela perguntava se já tinha morrido alguém naquela casa, lhe respondiam:

"Ah, poucos são os vivos e muitos os mortos! Não desperte a nossa dor".

Agradecida, ela lhes devolvia a mostarda e dirigia-se a outros que lhe diziam:

"Aqui está a semente, porém já morreu nosso escravo".

"Aqui está a semente, porém o semeador morreu entre a estação chuvosa e a colheita."

E ela não encontrou nenhuma casa onde não tivesse morrido ninguém.

Krisha Gotami voltou chorosa para o Senhor Buda, dizendo-lhe:

"Ah, Senhor, não pude encontrar mostarda em casa onde não tivesse havido morte. Então, entre as flores silvestres, na margem do rio, deixei meu filho que não queria mamar nem sorrir, e volto para ver o seu rosto e beijar os seus pés, suplicando-lhe que me diga onde encontrar essa semente sem deparar ao mesmo tempo com a morte, pois apesar de tudo não posso crer na morte de meu filho, como todos me disseram e temo tenha acontecido".

O Mestre respondeu-lhe:

"Minha irmã, procurando o que não pode ser encontrado, você achou o amargo bálsamo que eu queria lhe dar.

"Sobre o seu seio dormiu hoje o sono da morte o ser que você ama. Agora já sabe que todo mundo chora uma dor semelhante à sua. O sofrimento que aflige todos os corações pesa menos do que se estivesse concentrado num só.

"Ouça, eu derramaria o meu sangue se ao derramá-lo pudesse deter as suas lágrimas e descobrir o segredo de o amor causar angústia e através de prados floridos nos conduzir ao sacrifício, qual animais mudos conduzidos por seus donos.

"Nenhum nascido pode evitar a morte. Assim como os frutos maduros caem da árvore, assim os mortais estão expostos à morte desde que nascem. A vida corporal do homem acaba partindo-se como a vasilha de barro do oleiro. Jovens e adultos, tolos e sábios, todos estão sujeitos à morte.

"Porém o sábio que conhece a lei não se perturba, porque nem pelo pranto nem pelo desânimo obtém a paz, mas pelo contrário, avivam as dores e os sofrimentos do corpo. A morte não faz caso de lamentações.

"Morre o homem, e seu destino está determinado por suas ações. Embora viva dez ou cem anos, acaba o homem por separar-se de seus parentes ao sair deste mundo.

"Quem deseja a paz da alma deve arrancar da sua ferida a flecha do desgosto, da queixa e da lamentação.

"Bendito será quem vencer a dor.

"Sepulte você mesma o seu filho".

Extenuada pela dor, Krisha Gotami sentou-se à beira do caminho, pôs-se a meditar no silêncio do entardecer, e disse consigo:

"Que egoísta sou em minha dor! A morte é o destino comum de tudo quanto vive. Porém, neste vale desolado há um caminho que conduz à imortalidade aquele que elimina de si todo egoísmo".

E sufocando o amor egoísta que sentia por seu filho, enterrou-o no bosque. E foi logo refugiar-se no Senhor Buda, e encontrou consolo no Dharma que alivia o coração dilacerado pela dor.

CAPÍTULO NOVE

A Fé de Sariputra

O Senhor Buda voltou de Nalanda com inúmeros discípulos e deteve-se num bosque de mangueiras.

Aproximou-se dele o venerável Sariputra, que lhe disse, depois de saudá-lo respeitosamente:

"Mestre, a fé que eu tenho no senhor é tão firme que, no meu entender, não há nem haverá outro maior, no concernente à suprema sabedoria".

O Senhor Buda respondeu-lhe:

"As palavras de sua boca são audaciosas, ó Sariputra. Sem dúvida elas irromperam num momento de êxtase. Conhece por acaso todos os que em épocas passadas também foram Budas?"

"Não, Senhor", respondeu Sariputra.

"Você vislumbrou os que num futuro longínquo hão de ser Budas?"

"Não, senhor."

"Porém, ao menos, ó Sariputra, conhecerá a mim como Buda vivente, e terá penetrado em meu espírito."

"Tampouco, senhor."

Então você vê, Sariputra, que não conheceu os Budas do passado, nem vislumbrou os do futuro. Por que, então, uma afirmação tão temerária? Por que um elogio tão desmesurado?"

"Oh, Senhor! Não conheço o coração dos Budas passados e futuros, nem o seu que agora é. Só conheço os fundamentos da fé. Um rei poderia ter edificado na fronteira do seu reino uma fortaleza, com sólidos muros cimentados, com sentinelas de atalaia para deter os estrangeiros e não deixar entrar mais ninguém além de seus amigos. Mas assim como poderiam existir no muro algumas pequenas rachaduras por onde entrasse um gato e observasse a fortaleza, do mesmo modo eu conheço os fundamentos da fé. Sei que os Budas passados foram sempre avessos à luxúria, à preguiça, ao orgulho, à dúvida, a todos os vícios e fraquezas que debilitam o homem; que eles exercitaram as cinco modalidades de atividade mental e alcançaram a iluminação. E sei que o mesmo farão os Budas futuros, e o mesmo o senhor faz".

"Grande é a sua fé; não a quebre."

CAPÍTULO DEZ

O Sermão Final

O Senhor Buda assim falou a Ananda, como representante de toda a Ordem:

"Que espera a Ordem de mim? Preguei a Verdade sem distinção entre a doutrina esotérica e a exotérica, pois no tocante à verdade, o Tathágata não tem nada semelhante ao punho cerrado de um instrutor que oculta alguma coisa.

"Certamente, Ananda, se alguém desejar ser o guia da Ordem e acreditar que é o fundamento da Ordem, deveria dar instruções pertinentes ao governo da Ordem.

"Por que haveria o Tathágata de dar instruções para o governo da Ordem? Já sou velho, Ananda; tenho 80 anos e termino meus dias; e assim como um carro velho roda com dificuldade, do mesmo modo o meu corpo se sustenta com muito cuidado. Meu corpo só está bem quando me abstraio em prece fervorosa, meditando, fora do mundo material.

"Assim, pois, Ananda, sejam suas próprias lâmpadas. Apoiem-se em vocês mesmos e não em algum sustentáculo externo.

"Mantendo-se firmes à luz de suas lamparinas, busquem a libertação na Verdade, e não peçam auxílio a ninguém mais do que a vocês mesmos.

"Porque, como, Ananda, pode um irmão ser lamparina para si mesmo se não se apoia em si, mas em algo externo; se não mantém firme a Verdade e na Verdade não busca a salvação, sem outro auxílio que o seu próprio?

"Assim, pois, Ananda, já que o irmão mora num corpo, procure vencer as dores que fluem dos desejos do corpo. Que enquanto esteja exposto às sensações, considere-as de tal maneira que vença neste mundo a dor resultante das sensações.

"E aqueles que agora ou depois de minha morte forem lamparinas de si mesmos e buscarem a libertação na Verdade sem pedir auxílio externo, alcançarão a iluminação.

"Entrem no Caminho! Não há dor mais amarga do que o ódio, nem sofrimento como o da paixão, nem engano maior do que o da luxúria e da torpe sensualidade.

"Entrem no Caminho! Muito adiantado já está quem espezinha o vício dominante.

"Entrem no Caminho! Dali fluem as salutares fontes que saciam toda sede.

"Ali florescem as flores que não murcham e que alegremente acarpetam todos os caminhos.

"Ali se apressam as horas mais velozes e felizes. Mais valioso que as joias é o tesouro da lei. Sua doçura excede à do favo de mel. Suas delícias excedem a todo deleite.

"Não matem.

"Sejam compassivos e não detenham em seu ascendente caminho nem o mais ínfimo ser.

"Deem e receberão generosamente; porém, não arrebatem de ninguém, cobiçosos, seus bens com violência ou fraude.

"Não deem falsos testemunhos.

"Não caluniem.

"Não mintam. A Verdade é manifestação da pureza interior.

"Abstenham-se de drogas e bebidas que perturbam a mente.

"Iluminem a mente. As mentes puras e os corpos puros necessitam do néctar do Soma.*

"Não toquem na mulher do próximo nem cometam pecados carnais contra a natureza.

"Aqueles que não podem quebrar desde já as opressoras cadeias dos sentidos e cujos pés são demasiado débeis para trilhar a estrada pedregosa, devem disciplinar sua conduta de tal modo que todos os dias terrenos transcorram irrepreensíveis, praticando obras caridosas.

"Devem dar, embora vacilantes, os primeiros passos no caminho óctuplo, vivendo puros, humildes, pacientes, compassivos, e amando todos os seres como a si mesmos, porque o mal é consequente do passado mau e o bem procede de um passado bom.

* Planta sagrada da Índia. (N. da T.)

"Agindo deste modo, o homem livra-se de sua personalidade, ajuda o mundo, aumenta a sua felicidade na vida futura e aproxima-se da perfeição.

"Há tempos, na hora do alvorecer, quando eu passeava por um bosque de bambus próximo de Rajagriha, vi o chefe de uma família cingalesa que, ao sair do banho e com a cabeça descoberta, saudava a terra, o céu e os quatro pontos cardeais, espalhando arroz branco e vermelho com as duas mãos.

"Por que está saudando assim, meu irmão?", perguntei-lhe.

"É a regra", respondeu. "Nossos pais nos ensinaram que pela manhã, antes de iniciar as tarefas cotidianas, se deve conjurar o mal que vem do céu que nos cobre, da terra que está sob nossos pés e dos quatro pontos cardeais."

Respondi-lhe: "Não espalhe arroz, mas, antes, ofereça a todas as criaturas pensamentos e ações de amor. A seus pais, olhando para o Oriente, de onde brota a luz. A seus mestres, olhando para o Sul, de onde provêm valiosos dons. À sua mulher e seus filhos, olhando para o Ocidente, de onde fulgem suaves e delicadas cores e onde morrem os dias. A seus amigos, parentes e a todos os seres, olhando para o Norte. Aos humildes, inclinando-se para o solo. Aos santos, aos anjos e aos mortos bem-aventurados, contemplando o céu".

"Procedam vocês também assim, que conjurarão todo mal e saudarão o mundo em suas seis direções cardeais".

CAPÍTULO ONZE

O Anúncio de sua Morte

O Senhor Buda disse a Ananda:

"Vai agora, Ananda, e reúna na sala capitular os irmãos residentes nos arredores de Vaisali".

O Senhor Buda entrou na sala, sentou-se num almofadão já ali colocado para ele, e disse:

"Ó irmãos, já que vocês receberam e aceitaram a Verdade, e estão compenetrados dela, meditem nela e difundam-na por toda parte, para que a religião se perpetue e subsista para o bem e felicidade dos povos e proveito de todos os seres. Aquele que deixar o seu coração sem freio algum, não alcançará o nirvana. Por isso, vocês devem fugir das excitações mundanas e buscar a paz da alma.

"Comam para saciar a fome e bebam para apagar a sede. Satisfaçam as necessidades da vida corpórea como a abelha que sorve o néctar da flor, mas sem lhe roubar o perfume.

"Ó irmãos! É preciso aprender a assimilar as quatro nobres verdades. Reconheçam que já temos perdido muito tempo e peregrinado demais pelo penoso caminho da reencarnação em busca da Verdade.

"Pratiquem a meditação profunda a que eu habituei vocês. Persistam na firme luta contra o pecado. Mantenham-se constantes no caminho da santidade. Que os seus sentidos espirituais estejam limpos. E se as sete luzes da sabedoria iluminarem a mente de vocês, entrarão no caminho óctuplo que conduz ao nirvana.

"Saibam, ó irmãos, que não tardará em extinguir-se a personalidade do Tathágata. Assim eu os encorajo e digo: Tudo quanto é composto e complexo tem de envelhecer e morrer. Busquem o eterno e esforcem-se ardorosamente pela sua salvação".

CAPÍTULO DOZE

A Entrada no Nirvana

Por essa ocasião os discípulos foram ao bosque de Upavartana, onde estava o Senhor Buda, e com eles muitas pessoas desejosas de participar da felicidade da presença do Bem-aventurado, que lhes disse:

"Busquem ansiosamente a Verdade. Não basta que tenham me visto. Libertem-se do pungente aguilhão da dor. Sigam resolutamente o caminho.

"Um enfermo pode ser curado pela virtude do medicamento, sem ver o médico.

"Quem não me obedece, me verá inutilmente, ao passo que quem vive retamente, e embora more muito longe, estará junto de mim. Mas quem obedecer ao Dharma, gozará sempre da felicidade do Tathágata".

O mendicante Subadra foi ao bosque de Upavartana e disse ao venerável Ananda:

"Mendicantes de minha Ordem, carregados de anos e de experiências, me disseram que muito raramente aparece na Terra um Buda. Diz-se que esta noite o asceta Gautama vai sair para sempre deste mundo, e embora minha mente esteja conturbada pela dúvida, tenho fé no asceta Gautama e creio que ele será capaz de declarar-me a Verdade e dissipar minhas dúvidas. Terei permissão para ver o asceta Gautama?"

O venerável Ananda respondeu:

"Basta, amigo Subadra! Não importune o Tathágata. Ele está muito fatigado".

Porém, o Senhor Buda ouviu a conversa de seu discípulo com o mendicante, e disse a Ananda:

"Não impeça a entrada de Subadra. Deixe que me interrogue porque veio desejoso de aprender e não com o propósito de me molestar. Compreenderá rapidamente".

Então, o venerável Ananda disse ao mendicante Subadra:

"Entre, amigo Subadra, pois o Bem-aventurado o permite".

E o Senhor Buda instruiu a Subadra, que, feliz, lhe disse:

"Glorioso Senhor! Senhor gloriosíssimo! Excelentes são as palavras de sua boca, porque reordenam o subvertido, revelam o oculto, mostram o caminho reto ao viajante perdido e acendem uma luz nas trevas para que todos possam ver, todos os que tiverem olhos.

"Assim, o senhor me deu a conhecer a Verdade, e refugio-me no senhor, no Dharma e na Ordem. Digne-se a aceitar-me por discípulo até o fim de meus dias".

E o mendicante Subadra disse ao venerável Ananda:

"Grande é o seu proveito, amigo Ananda, e muito boa foi a sua fortuna, por ter recebido durante tantos anos os ensinamentos dos próprios lábios do Mestre".

O Senhor Buda disse então ao venerável Ananda:

"Talvez alguns de vocês pensem que se a palavra do Mestre desapareceu, não terão mais Mestre.

"Mas não devem pensar assim. Certamente que já não voltarei a tomar corpo, porque venci a dor; porém, se Gautama Sidarta morre, resta o Buda.

"Que a Verdade e as regras da Ordem sejam o Mestre de vocês quando eu partir, e que a Ordem anule, se convier, os preceitos de pouca importância".

Depois, dirigindo-se aos Irmãos, o Senhor Buda prosseguiu: "Se algum de vocês tem ainda alguma dúvida, que a exponha livremente, para que mais tarde não se arrependam de não me haver perguntado enquanto eu estava entre vocês".

Os irmãos permaneceram silenciosos.

O venerável Ananda disse ao Senhor Buda:

"Certamente creio que entre todos os que aqui se encontram não existe quem tenha dúvida ou receio algum acerca do Buda, da Verdade e do caminho".

E o Bem-aventurado respondeu-lhe:

"Pela fé que você tem, Ananda, asseguro e sei que em toda esta assembleia ninguém duvida acerca do Buda, da Verdade e do caminho, porque todos estes irmãos têm a libertação final assegurada.

"Ó discípulos! Se conhecem a causa do sofrimento, se obedecem ao Dharma e seguem o caminho da salvação, talvez digam que o fazem em respeito ao Mestre."

Os irmãos responderam-lhe:

"Senhor, não o diremos".

E o Bem-aventurado prosseguiu:

"Dos seres que vivem encerrados na ignorância como num ovo, eu sou o primeiro que lhe rompe a casca e alcançou a iluminação. Assim, discípulos, sou a primícia desta humanidade".

"Assim é, Senhor."

E o Bem-aventurado acrescentou:

"A destruição é inerente a todo composto; porém a Verdade durará para sempre. Trabalhem com afinco pela libertação de vocês!"

Essas foram as últimas palavras do Senhor Buda. Caiu em meditação e expirou tranquilamente.

CONCLUSÃO

CAPÍTULO UM

Os Três Aspectos do Buda

Quando o Senhor Buda entrou no nirvana, os discípulos se reuniram em concílio para resolver o que deveria ser feito para manter-se pura a doutrina e não corrompê-la com heresias.

Upali, levantando-se, disse:

"Nosso insigne Mestre costumava dizer: 'Ó discípulos! Depois de minha morte, respeitem a lei e obedeçam a ela, e que ela seja o Mestre de vocês. A lei é a lâmpada que brilha nas trevas para iluminar o caminho. Também é uma valiosa joia para cuja aquisição não se deve poupar esforço algum, mesmo que seja com o sacrifício da própria vida. Obedeçam à lei que eu revelei a vocês, e respeitem-na escrupulosamente como a mim próprio'. Essas foram as palavras do Senhor Buda. E nessa lei que ele nos legou como riquíssima herança, temos agora o corpo visível do Tathágata. Devemos respeitá-la e tê-la como sagrada, porque de nada servirá edificar pagodes para as relíquias se não conservarmos o espírito dos ensinamentos do Mestre".

Em seguida, Anurudha levantou-se e disse:

"Irmãos, devemos fixar bem em nossa mente a ideia de que Gautama Sidarta era a forma visível da Verdade. O excelso Sakiamuni é a encarnação da Verdade que nos ensinou, dizendo que a Verdade existia antes de ele vir ao mundo, e continuaria a existir depois que ele entrasse no nirvana. A Verdade está presente em todas as partes. É eterna. Devemos fixar bem em nossa mente que o Senhor Buda não nos ensinou uma lei circunstancial e subalterna, daquelas que prescrevem quando o tempo altera as circunstâncias em que foram promulgadas, mas a lei imutável e eterna.

"A Verdade não é arbitrária nem filha das opiniões dos homens, mas pode estar oculta, e será encontrada por quem a buscar com ardor.

"A Verdade está oculta para o cego de entendimento, mas quem possui a visão mental consegue vê-la.

"A Verdade é a ciência do Buda, e ficará como pedra de toque para distinguir as doutrinas falsas das verdadeiras.

"Aprendamos, pois, a Verdade, porque a Verdade é o Buda, nosso Mestre, o Instrutor e o Senhor nosso".

"Vocês sem dúvida falaram bem, irmãos, sem contradição de opiniões sobre o sentido real de nossa religião, porque o Bem-aventurado tem três aspectos e cada um deles de igual importância para nós.

"Um deles o Dharmakaya, outro o Nirmanakaya e o outro o Sambogokaya.

"O Buda é a Verdade excelente, eterna, presente em todas as partes e imutável. Tal é o Sambogokaya, o estado de perfeita felicidade.

"O Buda é o Mestre que ama todos os seres e assume a forma daqueles que ele substitui. Tal é o Nirmanakaya, o corpo em que ele se apresenta.

"O Buda é o dispensador bendito da religião. É o espírito do Sangha e o sentido dos mandamentos que nos deixou sua palavra sagrada. Tal é o Dharmakaya, o corpo da excelsa Lei.

"Se o Buda não tivesse se manifestado a nós na pessoa de Gautama Sidarta, como poderíamos possuir as tradições sagradas de sua doutrina? E se as futuras gerações não possuírem essas tradições sagradas conservadas no Sangha, como estas conhecerão o insigne Sakyamuni?

"Nem nós nem ninguém conheceríamos a excelsa Verdade, porque aquele que tiver aberto os olhos espirituais, a descobrirá".

Em seguida, os irmãos resolveram celebrar um concílio em Rajagriha, para expor as doutrinas puras do Bem-aventurado, examinar e compilar as Escrituras Sagradas e fixar o cânone que servisse como instrução para as gerações futuras.

CAPÍTULO DOIS

O Fim do Ser

Quando no círculo do universo apareceram as formas tangíveis do Sol, da Terra e da Lua, a Verdade se movia no pó cósmico e iluminava o mundo com refulgente luz.

No entanto, ainda não havia olho que a visse, nem ouvido que a ouvisse, nem espírito que pudesse compreender o seu sentido, nem lugar algum nos imensos espaços da existência onde ela pudesse residir com todo o seu esplendor. No transcurso da evolução, as formas viventes foram desenvolvendo um após outro os sentidos de percepção, e então surgiram os pares de opostos; o Eu ou o mundo subjetivo, e o Não Eu ou mundo objetivo.

Assim, as sensações nascidas da percepção deram origem ao prazer com a consequente dor, e houve amigos e inimigos, ódio e amor. Mas a Verdade não pôde achar neste mundo de sensações uma morada onde residir com todo o seu esplendor.

Depois, apareceu no reino humano a razão que deveria refrear os instintos da personalidade e valer-se das forças da natureza como meios para alcançar os seus propósitos de aperfeiçoamento e progresso no caminho da evolução.

Entretanto, surgiu o conflito, a luta entre a natureza superior, ou a superioridade armada com a força da razão, e a natureza inferior, ou a personalidade que investe com o ímpeto formidável das paixões.

O homem foi lobo do próprio homem e se mataram para satisfazer vãs concupiscências, sem que a Verdade pudesse encontrar nos domínios da razão um lugar onde residir com toda a sua glória, até que apareceu o Salvador, o Buda, o Mestre dos deuses.

E o Buda estabeleceu a paz entre a razão e o sentimento, ensinando os povos a verem as coisas tais como são e a agirem em obediência à Verdade, que então encontrou lugar onde residir em todo o seu esplendor.

O Buda, o Bendito, o Santo, o Perfeito. Ele revelou a Verdade e estabeleceu o seu reino neste mundo.

Pois não havia lugar para a Verdade no espaço infinito. Não havia, não há e nem pode haver lugar para a Verdade na sensação, nem em seus prazeres e dores.

Também não havia, não há e nem pode haver lugar para a Verdade no raciocínio, porque o raciocínio é arma de dois gumes, que tanto pode brandir o ódio como o amor.

O raciocínio é o escabelo da Verdade porque sem a razão não é possível alcançá-la, porém não é a residência da Verdade.

O trono da Verdade é a justiça, e o amor o seu ornamento. A justiça é a morada da Verdade.

Este é o Evangelho do Buda. Esta é a revelação do iluminado. Esta é a lei do Santo. Os que aceitam a Verdade e a praticam, refugiam-se no Buda, no Dharma, no Sangha.

Ó Senhor Bendito! Ó potente libertador! O senhor que nos ama, em seu nome e no senhor nos refugiamos.

Refugiamo-nos na sua lei e na sua regra.

Receba-nos, ó Buda, no número de seus discípulos de hoje até o fim de nossos dias.

Alivia, ó Santo Instrutor, compassivo e amoroso, a todos os seres, aos aflitos, aos oprimidos pela dor. Ilumina os obcecados e aumenta o nosso entendimento e a nossa santidade.

A Verdade é o fim e o objetivo de toda a existência. Os mundos nascem para morada da Verdade.

Quem não aspira à posse da Verdade perde o propósito da vida.

Bem-aventurado quem repousa na Verdade, porque todas as coisas perecerão e a Verdade permanecerá para sempre.

O mundo está construído pela Verdade, porém os maus pensamentos desnaturam o estado natural das coisas e criam o erro, filho petulante da ilusão.

O erro pode assumir uma variedade de formas lisonjeiras, porém contém germes de destruição.

A Verdade jamais varia. É imutável. Domina a morte. A ilusão, o erro e a mentira são abortos de Mara e têm vigoroso poder para enganar aos homens e extraviá-los do caminho da salvação.

A ilusão, o erro e a mentira assemelham-se a um barco de madeira carcomida, e todos os que nele embarcarem estão condenados a naufragar.

Muitos se apegam ao erro, e quando caem nas redes do egoísmo, da luxúria e dos desejos sinistros, lamentam sua infelicidade.

Contudo, todo ser vivente aspira à Verdade, porque só a Verdade é capaz de curar nossos males e acalmar a nossa inquietude.

A Verdade é a essência da Vida, porque a vida persiste depois da morte do corpo. A Verdade é eterna e subsistirá, embora desapareçam céus e terras.

Não há no mundo várias Verdades, porque ela é uma e a mesma Verdade em todo o tempo e lugar.

A Verdade nos mostra o caminho da retidão.

Felizes são os que seguem esse caminho.

CAPÍTULO TRÊS

Louvor aos Budas

Maravilhosos e gloriosíssimos são todos os Budas. Não existem iguais no mundo.

Eles nos ensinam o caminho da Vida.

Saudamos sua chegada com inebriado respeito.

Todos os Budas ensinam a mesma Verdade.

A Verdade encaminha os extraviados.

A Verdade é nossa esperança e nosso sustentáculo.

Recebemos felizes e agradecidos a sua luz, que nada pode extinguir.

Todos os Budas são da mesma essência.

A essência de todos os seres.

A essência que santifica os laços entre todas as almas.

E temos fé na felicidade do supremo refúgio.

AUM! Paz a todos os seres!